Nia

Schöningh
westermann

W0337641

EinFach
Geschichte
... unterrichten

Das europäische Mittelalter

Herrschaft, Handel und Gesellschaft

Erarbeitet von
Marco Anniser
Achim Rosenthal
Oliver Satter

Herausgegeben von
Marco Anniser und
Oliver Satter

westermann GRUPPE

Druck A² / Jahr 2019
Alle Drucke der Serie A sind im Unterricht parallel verwendbar.

Umschlaggestaltung: Schöningh Verlag, Paderborn
Umschlagabbildung: © Ivy Close-Images/Alamy Stock Photo
Druck und Bindung: Westermann Druck GmbH, Braunschweig

ISBN 978-3-14-**024731**-3

Baustein 3: Die Kreuzzüge 40

Baustein 4: Mittelalterliche Heraldik 57

Baustein 5: Handel und Wandel 72

Baustein 6: Gesellschaft im Mittelalter 85

Vorwort

Der vorliegende Band ist Teil einer Reihe von Themenheften, die an den Bedürfnissen des Unterrichtsalltags orientiert sind. Die Reihe *EinFach Geschichte ... unterrichten* richtet sich an Geschichtslehrerinnen und -lehrer und sieht sich als Ergänzung zu den eingeführten Lehrwerken.

Die Reihe will mit variabel einsetzbaren thematischen Bausteinen sowie vielfältigen Methoden und Sozialformen Angebote machen für einen abwechslungsreichen Unterricht:

- Jedes Heft bietet mehrere Bausteine zu interessanten Aspekten des jeweiligen Themas.
- Jeder Baustein umfasst kopierfähige Arbeitsblätter – jeweils verbunden mit einer einführenden Sachanalyse, methodisch-didaktischen Hinweisen und Lösungen in Form von ausführlichen Erwartungshorizonten.
- Am Ende jedes Bausteins befindet sich ein Rätsel mit der entsprechenden Auflösung.

Aus der Praxis – für die Praxis: Unser Anliegen ist es, Lehrerinnen und Lehrern schnell und effizient das für den Unterricht nötige Hintergrundwissen bereitzustellen; daher ist Ausführlichkeit einer wissenschaftlichen Abhandlung nicht sinnvoll. Für eine tiefer gehende stoffliche Einarbeitung sei auf die wissenschaftliche Fachliteratur verwiesen.

Bei der Verwendung der Bausteine gibt es keine bindende Reihenfolge, sondern es kann nach eigenen didaktischen Überlegungen eine Auswahl getroffen werden. Das Bausteinprinzip der Reihe bietet so flexible Möglichkeiten und erleichtert damit nicht zuletzt auch die Unterrichtsvorbereitung.

Obwohl die Lehrpläne der Bundesländer unterschiedliche Schwerpunkte setzen, stimmen die zentralen thematischen Inhalte vielfach überein, sodass die Hefte bzw. Bausteine der Reihe *EinFach Geschichte ... unterrichten* problemlos in allen Bundesländern zum Einsatz kommen können.

Baustein 1

Periodisierung

Überblick

In diesem Baustein finden Sie Arbeitsblätter zum Thema „Periodisierung“ am Beispiel des Mittelalters.

- Das **AB 1 Das Mittelalter: Begriff und Periodisierung – Ist die Einteilung in Epochen sinnvoll?** thematisiert die Vor- und Nachteile einer Einteilung in zeitlich definierte Abschnitte.
  Arbeitsblatt 1
  S. 10
- Mithilfe des **AB 2** wird die Völkerwanderung als möglicher Beginn des Mittelalters zum Thema, indem gefragt wird: **Das Ende der Antike – Ist Massenmigration nur ein modernes Phänomen?**
  Arbeitsblatt 2
  S. 12
- **AB 3a–b** verdeutlicht anhand eines Holzschnittes aus dem 19. Jahrhundert unter der Stundenfrage **Der Übergang zwischen Mittelalter und Neuzeit – eine gefährliche Zeit?** die Veränderungen im Weltbild der damaligen Menschen.
  Arbeitsblatt 3a–b
  S. 14 + 16
- **AB 4a–b Das Frankenreich – ein erster deutscher Versuch?** führt die Schülerinnen und Schüler zurück auf die Ursprünge von Frankreich und Deutschland.
  Arbeitsblatt 4a–b
  S. 18–19

Sachanalyse

Begriffsursprung

Der Begriff „Mittelalter“ ist eng mit der italienischen Renaissance des 14. und 15. Jahrhunderts verknüpft. So waren es vor allem Leonardo Bruni und Giovanni Andrea di Bussi, die den abwertend gemeinten Begriff der „Mittleren Zeit“ prägten. Erst der Historiker Christoph Keller (genannt Cellarius) griff im 17. Jahrhundert die Idee einer mittleren Zeit wieder auf und ergänzte die Vorstellung einer eigenständigen Epoche zwischen der Antike und seiner eigenen Gegenwart weiter. Hierbei entwickelte er den bereits von Bruni und di Bussi geprägten Begriff „media aetas“ (die Mittlere Zeit) weiter. In seiner wissenschaftlichen Abhandlung definiert Cellarius das Mittelalter als eine Epoche zwischen dem Tod Kaiser Konstantins 337 und der Eroberung Konstantinopels durch die Türken 1453. Die Grenzen dieser nachträglich geprägten Epoche haben sich seither für diesen Zeitraum von ca. 500 bis ca. 1500 etabliert. Als weitere Epochengrenzen können u. a. der Beginn der Völkerwanderung der Germanen (375), der Zerfall des weströmischen Reiches (476), die Taufe des Frankenkönigs Chlodwig (500), sowie die Entdeckung Amerikas (1492), die Erfindung des Buchdrucks (1450) und der Beginn der Reformation (1517) angeführt werden.

Historische Ereignisse

Die „Völkerwanderung“ der Germanen – eine Möglichkeit, die Epochengrenze des Mittelalters zu definieren – war ein Prozess über viele Jahrhunderte, der nicht erst mit der Wanderbewegung der Goten begann (ca. 5. Jh. n. Chr.) und endete. Vielmehr kam es schon in den Jahrhunderten zuvor zu Zusammenstößen zwischen den Römern und den Germanen, die auf Wanderbewegungen der germanischen Stämme zurückzuführen waren, deren Ursachen Kriege, Hunger, Vertreibung und die Hoffnung auf Beute waren. Zu nennen wären hierbei die Kimbern und Teutonen 113–101 v. Chr., die Markomannen 166–180 n. Chr. und eben die Goten ab ca. 378 n. Chr. mit der Schlacht bei Adrianopel. Konnten die ersten beiden Wanderbewegungen noch militärisch gestoppt werden, so erlitten die Römer bei Adrianopel im Jahre 378 eine historische Niederlage gegen die Goten und

Völkerwanderung

Germanische Stämme

mussten dulden, dass sich ab dieser Zeit germanische Sonderreiche auf ihrem Territorium etablierten. Diese wurden dann zwar ab 382 unter Theodosius in den Stand von römischen Föderaten erhoben, die für die römischen Kaiser Heeresdienst und Grenzsicherung betrieben, jedoch konnten diese Stämme nicht mehr erfolgreich in das Römische Reich integriert werden. Das soll nicht bedeuten, dass die Germanen keine römischen Eigenheiten und zivilisatorische Errungenschaften übernahmen, jedoch erfolgte keine grundlegende Identifikation mit dem Imperium Romanum. Mangelnde Integration, germanische Sonderinteressen und egoistisches Machtstreben führten schließlich dazu, dass das Römische Reich seine integrative Klammer verlor und 476 auseinanderbrach. Verschont von diesem Zerfallsprozess in eigenständige germanische Reiche blieb das Oströmische Reich, welches beinahe unbehelligt von den Wanderbewegungen der Germanen blieb. Erst 1453 sollte auch dieses Reich untergehen. Der Begriff „Völkerwanderung" ist mittlerweile umstritten. Viele Historiker nennen diesen Vorgang lieber Massenmigration, denn auf der oftmals jahrzehntelangen Wanderschaft schlossen sich andere Stämme an, spalteten sich Gruppen ab, adaptierte man fremde Gewohnheiten und entfremdete sich von seinen Verwandten in der Heimat.

Ursprünge Deutschlands und Frankreichs

Das Frankenreich etablierte sich nach dem Ende des Weströmischen Reiches zum Nachfolger der katholisch – westlichen Reichsidee. Der damals stärkste und mächtigste Herrscher des westlichen Europas, Karl der Große, wurde zum Schutzherrn der katholischen Kirche und somit zum Kaiser der Römer im Jahre 800 gekrönt. Ab diesem Moment übernahmen die Franken die Rolle, die einst die Römer innehatten. Das Frankenreich dehnte sich mit der Zeit kontinuierlich aus, bis es über weite Teile Westeuropas herrschte. Nachdem Karl der Große verstorben war, geriet das Frankenreich in eine instabile Lage, da sich verschiedene Erben um die Reichsteile stritten. Letztendlich einigte man sich im Vertrag von Verdun 843, das Frankenreich in drei Gebiete aufzuteilen: Westfrankenreich, Ostfrankenreich und das Mittelreich, wobei das Mittelreich zwischen den beiden großen Reichen aufgerieben wurde. Aus diesen Ländern entwickelten sich im Laufe der Jahrhunderte die Nationen Frankreich und Deutschland.

Ende des Mittelalters

Das Ende des Mittealters genau zu bestimmen ist kaum möglich, fällt es doch in einen Zeitraum enormer Veränderungen (technisch, politisch, ökonomisch usw.) mit Einfluss auf beinahe alle Bereiche des menschlichen Lebens. Die vielschichtigen Veränderungen beeinflussten zwangsläufig das Denken der Menschen. Das christliche Weltbild erfuhr Erschütterungen, nicht mehr die Gemeinschaft aller Christen und deren Wertekanon strukturierte das menschliche Leben, sondern religiöser Pluralismus bzw. die Spaltung der Kirche veränderte das Leben. Die Gedanken der Renaissance und des Humanismus lösten in einigen Kreisen die überkommenen Orientierungshilfen ab, der Mensch als Individuum bzw. seine Selbstbestimmtheit im Denken und Handeln wurde propagiert. Die Religion wurde in ihrer Gesamtheit nicht angezweifelt, aber religiöse Dogmen rational und vernünftig hinterfragt.

Methodisch-didaktische Analyse

AB 1

Als Grundlage für die Beschäftigung mit der Epoche wird mithilfe des **AB1** zuerst der Begriff „Mittelalter" zum Gegenstand. Im Anschluss erfolgt die Periodisierung der Epoche, indem mögliche Epochengrenzen aus der Textquelle erarbeitet werden. Beginn und Ende sind wissenschaftlich höchst umstritten, aber der Zeitraum wird für die Schülerinnen und Schüler damit zumindest grob greifbar gemacht. Abschließend soll die Methode der Periodisierung selbst zum Unterrichtsgegenstand werden. Die Lernenden sollen nicht unreflektiert diese Untergliederung der Geschichte übernehmen, ist sie einerseits so unabdingbar für das Verständnis von geschichtlichen Abläufen und andererseits nur ein Konstrukt. Die

Stundenfrage **Begriff und Periodisierung – Ist die Einteilung in Epochen sinnvoll?** kann am Ende der Besprechung der 3. Aufgabe gestellt werden. Leitfrage

Ziel des **AB 2** ist es, den Schülerinnen und Schülern zu vergegenwärtigen, dass Migration und Wanderbewegungen normale Phänomene der Menschheitsgeschichte darstellen. In diesem speziellen Fall bildet die „Völkerwanderung" der Germanen sogar den Beginn des europäischen Mittelalters und somit unserer Vorgeschichte. Aus diesem Grund wird in diesem Arbeitsblatt auf die Völkerwanderung aus dem 5. Jahrhundert nach Christus Bezug genommen, die hauptsächlich mit den Goten in Verbindung gebracht wird, obwohl es während der Zeit des Römischen Reiches schon zu einigen „Völkerwanderungen" der Germanen gekommen ist. Die erste Aufgabe soll den Schülerinnen und Schülern vor Augen führen, welche Volksgruppen aus welchen Ländern ins Römische Reich einwanderten. Der Erwartungshorizont beschränkt sich auf die wichtigsten germanischen Stämme. Die Lernenden erkennen somit, in welchem heutigen europäischen Land, welche Germanen lebten und dieses eventuell bis heute prägen. Die zweite Aufgabe soll die Frage klären, ob der Begriff „Völkerwanderung" überholt ist. Dabei sollen die Schülerinnen und Schüler die Jahreszahlen auf der Karte analysieren und somit erkennen, dass die Stämme oftmals viele Jahrzehnte auf Wanderschaft waren und sich zwischendurch mal hier und dort niederließen. Rückschlüsse auf heutige Migrationsbewegungen sollen dabei gezogen werden, denn auch die heutigen Flüchtlinge werden sich in ihrer Lebensweise und Kultur den Gastländern anpassen. Umgekehrt prägen sie auch die Kultur der neuen Heimat. Die dritte Aufgabe erzwingt den Gegenwartsbezug. Die Schülerinnen und Schüler sollen begreifen, dass Migration zur Menschheitsgeschichte gehört und die Gründe dieser Wanderbewegungen immer dieselben waren. In diesem Zusammenhang bietet es sich an, die Stundenfrage **Das Ende der Antike – Ist Massenmigration nur ein modernes Phänomen?** zu beantworten. AB 2 Leitfrage

Mithilfe des Holzschnittes „Wanderer am Weltenrand" (**AB 3**), der aus dem 19. Jahrhundert stammt und im Stil der vergangenen Zeit gestaltet wurde, wird die neue Geisteshaltung zum Thema: Von einem christlich fremdbestimmten Weltbild hin zu Individualität und Rationalität. Die Abbildung erweckt fälschlicherweise und bewusst karikierend den Eindruck, als habe man im Mittelalter geglaubt, die Erde sei eine Scheibe, was bekanntlich nicht so war. Im Zuge der didaktischen Reduktion sollte den Schülerinnen und Schülern diese Tatsache erst zu einem späteren Zeitpunkt erläutert werden. Für die nicht ganz einfache Aufgabe bietet sich die Partner- bzw. Gruppenarbeit an, um schwächere Schüler zu integrieren. Die Bestimmung der Verfasserintention (Aufgabe 3 und 4) und die Gestaltung eines inneren Monologes ermöglichen es, sich auf das Denken und Fühlen der damaligen Menschen einzulassen und die Stundenfrage **Der Übergang zwischen Mittelalter und Neuzeit – eine gefährliche Zeit?** zu beantworten. AB 3 Leitfrage

Ziel der Arbeitsblätter **AB 4a–b** ist es, den Schülerinnen und Schülern zu verdeutlichen, dass Geschichte eine Interpretation darstellt. Zudem lernen sie, dass sich Teile der heutigen Staaten Frankreich, Deutschland, Österreich, Spanien, Schweiz, Niederlande, Belgien und Italien auf dem Gebiet des Frankenreichs befinden. Es bietet sich an, das **AB 4a** als Folie den Lernenden zu präsentieren und eine Beschreibung vornehmen zu lassen. Durch die Kartenarbeit (**AB 4b**) verstehen die Lernenden, dass auch die BRD das Erbe des Frankenreichs in sich trägt und geschichtliche Ereignisse bis in unsere heutige Zeit nachwirken. Die dritte und vierte Aufgabe dienen zur Vertiefung. Hier erkennen die Schülerinnen und Schüler, welche Gefahren entstehen können, wenn man versucht, Geschichte nationalistisch zu interpretieren. Die Aufgabe 3 eignet sich, um die Stundenfrage: **Das Frankenreich – ein erster deutscher Versuch?** im Plenum zu beantworten, bevor abschließend mögliche Gefahren nationalistischer Geschichtsdeutungen besprochen werden. AB 4a–b Leitfrage

Das Mittelalter: Begriff und Periodisierung – Ist die Einteilung in Epochen sinnvoll?

Prof. Dr. Hans-Werner Götz, geboren im Jahre 1947, ist Professor für mittelalterliche Geschichte an der Universität Hamburg. In dem folgenden Textauszug scheibt er über den Begriff „Mittelalter" und über Beginn und Ende der Epoche:

„Mittelalter" – das ist traditionell die Epoche zwischen 500 und 1500 nach Christus, zwischen Antike und Neuzeit, wobei die genauen Anfangs- und Enddaten umstritten und letztlich nicht zu bestimmen sind. Der Zufallsbegriff „Mittelalter" – als abschätzige Epochenbezeichnung schon von den Humanisten für die Zeit zwischen Antike und damaliger Gegenwart geprägt – wurde in diesem Sinn etwa von Christoph Cellarius (1634–1707) in seiner „Historia tripartita" als Epocheneinteilung zugrunde gelegt und fand seither weitere Verbreitung. Der Beginn des Mittelalters, traditionell oft mit dem Ende des Weströmischen Reiches (476) angesetzt, schwankt tatsächlich zwischen dem Toleranzedikt Konstantins (313) und der Errichtung des europäischen Abendlandes durch Karl den Großen (768–814), das Ende, traditionell mit der Entdeckung Amerikas (1492) oder Luthers Thesenanschlag (1517) verbunden, zwischen der Eroberung Konstantinopels durch die Türken (1453) und der Französischen Revolution (1789). Heute tritt niemand mehr ernsthaft für konkrete Anfangs- und Enddaten ein. Es ist vielmehr selbstverständlich, dass jede Epoche in einem langen Prozess entsteht und wieder zu Ende geht, dass es Übergangsphasen gibt, deren ungefähre Grenzen in erster Linie davon abhängen, welchen Aspekten man im Spektrum der historischen Betrachtungsweise den Vorzug gibt [...].

Ungeachtet solcher unterschiedlichen Ansätze im Einzelnen wird der Begriff „Mittelalter" heute, trotz (oder wegen) seiner inhaltlichen Offenheit, fast allgemein akzeptiert für eine Epoche, die ihr durchaus eigenes Gepräge besitzt. Aus einer Art Synthese[1] von antiker Tradition, spätantikem Christentum und neuen germanischen Trägern entstand bei gleichzeitiger Verlagerung des räumlichen Schwerpunktes vom Mittelmeer nach Norden allmählich eine neue Kultur, die freilich selbst alles andere als statisch war, sondern sich ständig weiterentwickelte [...]. Eine Epocheneinteilung bleibt grundsätzlich sinnvoll, da Geschichte sich in Zeit und Raum abspielt. Die (traditionelle) Einteilung in Altertum, Mittelalter und Neuzeit aber ist nur ein solcher Versuch, Epochen zu bilden, ein Versuch, der keineswegs unproblematisch ist, für den sich dennoch auch gute Gründe finden lassen [...].

Hans-Werner Götz: Proseminar Geschichte: Mittelalter. 3., überarbeitete Auflage. Verlag Eugen Ulmer Stuttgart (Reihe UTB 1719), S. 29 f.

1. Arbeite aus dem Text heraus, wie der Begriff des „Mittelalters" entstanden ist.
2. Unter Periodisierung versteht man die Einteilung der Geschichte in Epochen. Arbeite heraus, welche Ereignisse der Autor für einen möglichen Beginn und welche er für ein mögliches Ende der Epoche des Mittelalters anführt.
3. Notiere dir a) **Vorteile** und b) **Nachteile** einer Einteilung der Geschichte in Epochen. Begründe, ob deiner Meinung nach die Vor- oder die Nachteile überwiegen.

[1] Synthese = Verbindung

Das Mittelalter: Begriff und Periodisierung – Ist die Einteilung in Epochen sinnvoll?

1. Arbeite aus dem Text heraus, wie der Begriff des „Mittelalters“ entstanden ist.
Der Begriff „Mittelalter“ ist für die Zeit zwischen der Antike und der damaligen Gegenwart von den Humanisten geprägt worden. Er war ein Zufallsbegriff und eher abschätzig gemeint. Von Christoph Cellarius wurde er als Epochenbezeichnung verwendet und hat seitdem weite Verbreitung gefunden.

2. Unter Periodisierung versteht man die Einteilung der Geschichte in Epochen. Arbeite heraus, welche Ereignisse der Autor für einen möglichen Beginn und welche er für ein mögliches Ende der Epoche des Mittelalters anführt.

Beginn der Epoche	Ende der Epoche
Ende des Weströmischen Reiches (476) Toleranzedikt Konstantins (313) Errichtung des europäischen Abendlandes durch Karl den Großen (768 – 814)	Entdeckung Amerikas (1492) Luthers Thesenanschlag (1517) Eroberung Konstantinopels durch die Türken (1453) Französische Revolution (1789)

3. Notiere dir **a) Vorteile** und **b) Nachteile** einer Einteilung der Geschichte in Epochen. Begründe, ob deiner Meinung nach die Vor- oder die Nachteile überwiegen.
a) Vorteile
- klare zeitliche Unterteilung der Geschichte
- Quellen können einfacher zugeordnet werden
- vermittelt Überschaubarkeit und Übersichtlichkeit
- [...]

b) Nachteile
- Grenzen sind nicht fest auszumachen
- jeder Historiker teilt Epochen anders ein
- Regionen / Länder entwickeln sich unterschiedlich schnell; Epochen passen nicht unbedingt überall
- [...]

Das Ende der Antike – Ist Massenmigration nur ein modernes Phänomen?

Im 5. Jahrhundert nach Christus beendete die sogenannte „**Völkerwanderung**" der Germanen die Herrschaft des Römischen Imperiums. Verschiedene Germanenstämme, auf der Suche nach neuem Ackerland und auf der Flucht vor den Hunnen, drangen in das Römische Reich ein. Durch Verträge und auch mit Gewalt gelang es ihnen, dort nach jahrzehntelanger Wanderschaft sesshaft zu werden und eigenständige germanische Königreiche auf dem ehemals römischen Herrschaftsgebiet zu gründen. Was den Römern hunderte von Jahren gut gelungen war, nämlich fremde Kulturen und Stämme zu romanisieren (zu integrieren), gelang bei den Germanen in dieser Zeit nicht mehr.

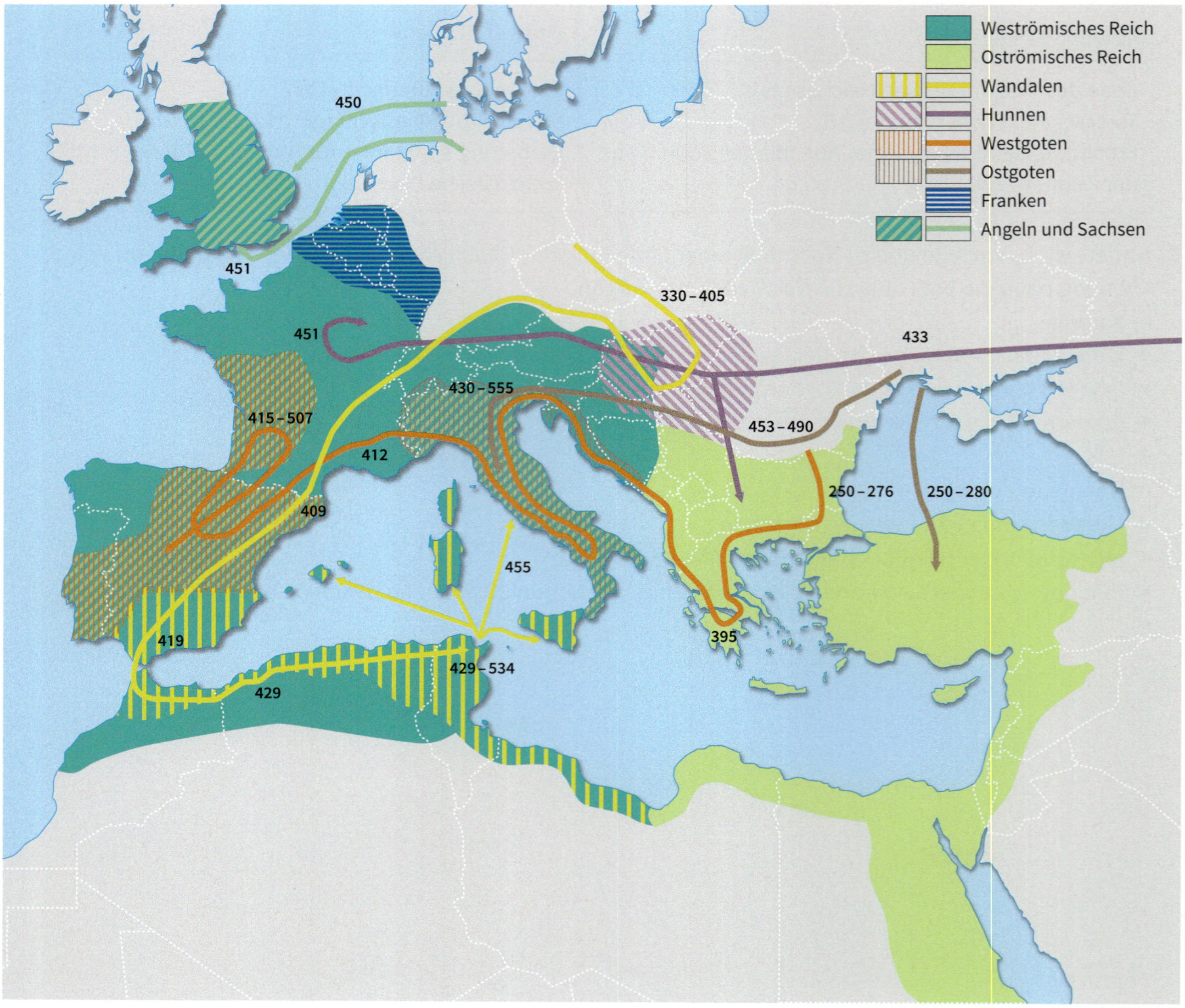

1. Erläutere anhand der Karte, welche germanischen Stämme **wann**, **woher** und **wohin** gewandert sind. Recherchiere in einem Atlas die heutigen Länder.
2. Diskutiert in der Klasse unter Berücksichtigung der Dauer der Wanderung, inwieweit die wandernden Stämme sich von ihrer Ursprungsbevölkerung entfremdet haben könnten.
3. Auch heute gibt es Wanderbewegungen, speziell von Syrien nach Deutschland. Recherchiere die Gründe für die Flucht der Menschen und trage in die Karte die sogenannte „**Balkanroute**" ein.

Das Ende der Antike – Ist Massenmigration nur ein modernes Phänomen?

1. Erläutere anhand der Karte, welche germanischen Stämme **wann**, **woher** und **wohin** gewandert sind. Recherchiere in einem Atlas die heutigen Länder.

- Die **Goten** kamen aus Südrussland und teilten sich in zwei Stämme, die Westgoten, die in Spanien, Portugal und Westfrankreich ein Reich gründeten, und die Ostgoten, die sich in Italien festsetzten.
- Die **Vandalen** zogen durch Frankreich und Spanien bis Nordafrika.
- Die **Franken** kamen aus Deutschland und ließen sich im heutigen Frankreich/BeNeLux nieder.
- Die **Angeln und Sachsen** kamen aus Deutschland und ließen sich im heutigen England nieder.
- Die Herkunft der Hunnen ist umstritten. Sie siedelten im Gebiet des heutigen Ungarn.

2. Diskutiert in der Klasse unter Berücksichtigung der Dauer der Wanderung, inwieweit die wandernden Stämme sich von ihrer Ursprungsbevölkerung entfremdet haben könnten.
Individuelle Schülerantwort. Zu bedenken ist jedoch, dass die Germanen viele Jahrzehnte wanderten und dabei andere Stämme integrierten und Gewohnheiten adaptierten und sich dadurch assimilierten. Es ist nicht so, dass ein Volk seine bestimmte Lebensweise und Kultur über Jahrzehnte der Wanderschaft konserviert. Hier stellt sich die Frage, ob das immer noch das gleiche „Volk“ sein konnte.

3. Auch heute gibt es Wanderbewegungen, speziell von Syrien nach Deutschland. Recherchiere die Gründe für die Flucht der Menschen und trage in die Karte die sogenannte **„Balkanroute“** ein.
Die Menschen fliehen vor Krieg und Vertreibung. Sie wollen ein sicheres und besseres Leben ohne Hunger, Elend und religiöse Diskriminierung.

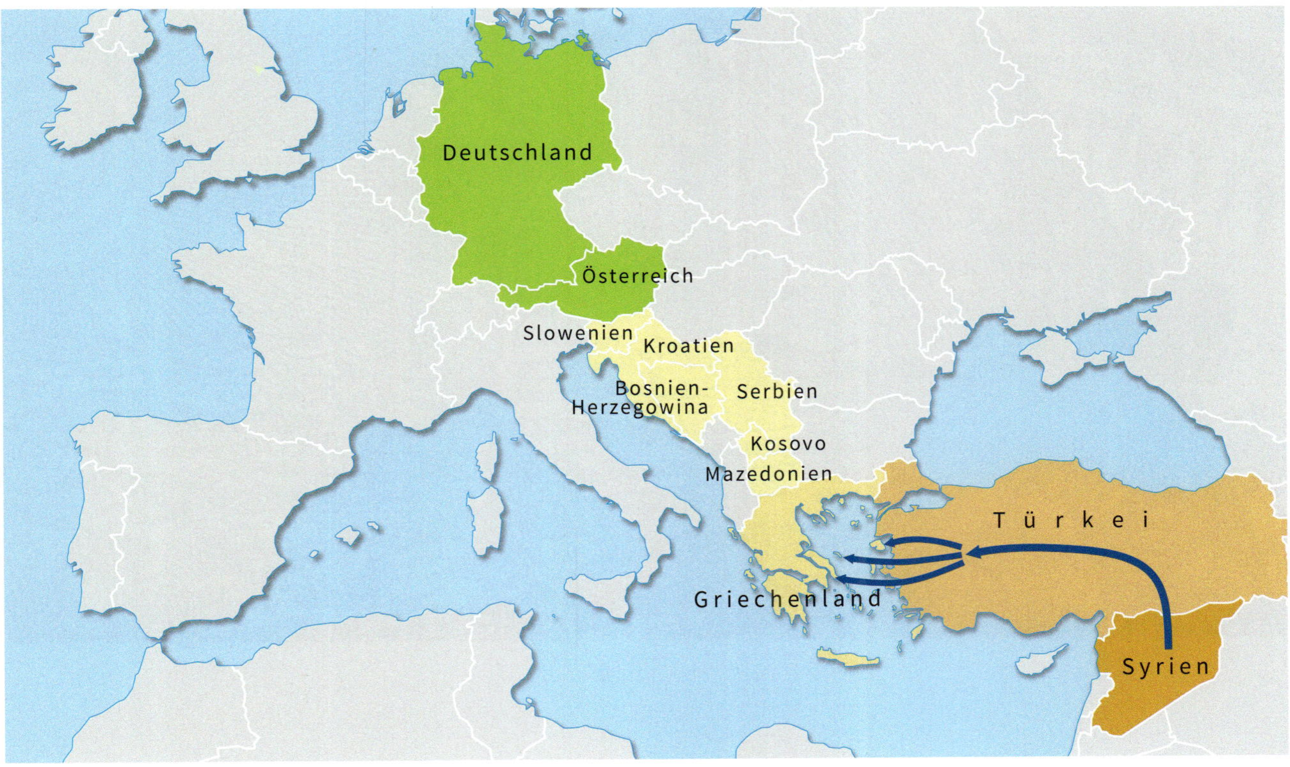

Der Übergang zwischen Mittelalter und Neuzeit – eine gefährliche Zeit?

Der unten abgebildete Holzschnitt „Wanderer am Weltenrand“ stammt aus dem 19. Jahrhundert, die genaue Entstehungszeit war unter Forschern lange umstritten. Der Holzschnitt zeigt beispielhaft die enormen Veränderungen des Weltbildes der Menschen am Übergang zwischen Mittelalter und Neuzeit. Kannst du die Bedeutung der Bildelemente entschlüsseln?

1. Betrachte die Abbildung genau und beschreibe, was dir auffällt.
2. Beschrifte die einzelnen Elemente der Abbildung.

Der Übergang zwischen Mittelalter und Neuzeit – eine gefährliche Zeit?

1. Betrachte die Abbildung genau und beschreibe, was dir auffällt.

2. Beschrifte die einzelnen Elemente der Abbildung.

Der Übergang zwischen Mittelalter und Neuzeit – eine gefährliche Zeit?

1. Übertrage die Elemente, die du beschrieben hast, in die folgende Tabelle.

2. Interpretiere die Elemente, indem du überlegst, was diese bedeuten.

Beschreibung	Interpretation

3. Erkläre, welche Absicht der Verfasser dieser Quelle verfolgt haben könnte?

4. Eine wichtige Rolle nimmt der Mann im Vordergrund ein. Versetze dich in seine Lage und verfasse einen inneren Monolog, der thematisiert, warum du hinter die Grenzen der dir bekannten Weltordnung blickst. Gehe dabei auch auf mögliche Gefahren und Chancen ein.

Der Übergang zwischen Mittelalter und Neuzeit – eine gefährliche Zeit?

1. Übertrage die Elemente, die du beschrieben hast, in die folgende Tabelle.

2. Interpretiere die Elemente, indem du überlegst, was diese bedeuten.

Beschreibung	Interpretation
• Mond mit Gesicht	⇒ Göttliche Natur / Weltordnung
• Sterne / Sternenhimmel	⇒ Göttliche Natur / Weltordnung
• Sonne mit Gesicht	⇒ Göttliche Natur / Weltordnung
• auffallend großer Baum	⇒ Lebensbaum / Natur (mächtig)
• Dörfer / Städte	⇒ Lebensraum des Menschen (klein)
• Natur / Pflanzen	⇒ Schöpfung Gottes
• Mann blickt „hinter die Welt“	⇒ Streben nach Wissen / Erkenntnis
• Dampf / Nebel	⇒ Mysterien der Wissenschaft
• Zahnräder / Mechanik	⇒ Physikalische Naturgesetze
• Ende des Himmels / Kuppel	⇒ Kirchliche Weltdeutung

3. Erkläre, welche Absicht der Auftraggeber dieser Quelle verfolgt haben könnte?
Der Auftraggeber bzw. Künstler stellt eine gesellschaftliche Entwicklung heraus. Die kirchlichen Lehren genügen den Menschen nicht mehr, um die Vorgänge in der Welt zu erklären. Der Mann, der über die Grenzen der bekannten Weltordnung hinausblickt, steht stellvertretend für diese Gruppe naturwissenschaftlich interessierter Menschen.

4. Eine wichtige Rolle nimmt der Mann im Vordergrund ein. Versetze dich in seine Lage und verfasse einen inneren Monolog, der thematisiert, warum du hinter die Grenzen der dir bekannten Weltordnung blickst. Gehe dabei auch auf mögliche Gefahren und Chancen ein.
Individuelle Schülerantwort.
Es sollte dabei auf mögliche Gefahren (Werteverlust, religiöse Zweifel, Entzauberung der Welt, etc.) und Chancen (Fortschritt in Wissenschaft und Technik, selbstbestimmtes Leben, etc.) eingegangen werden.

Das Frankenreich – ein erster deutscher Versuch?

Karte 1: Das Frankenreich im 9. Jahrhundert

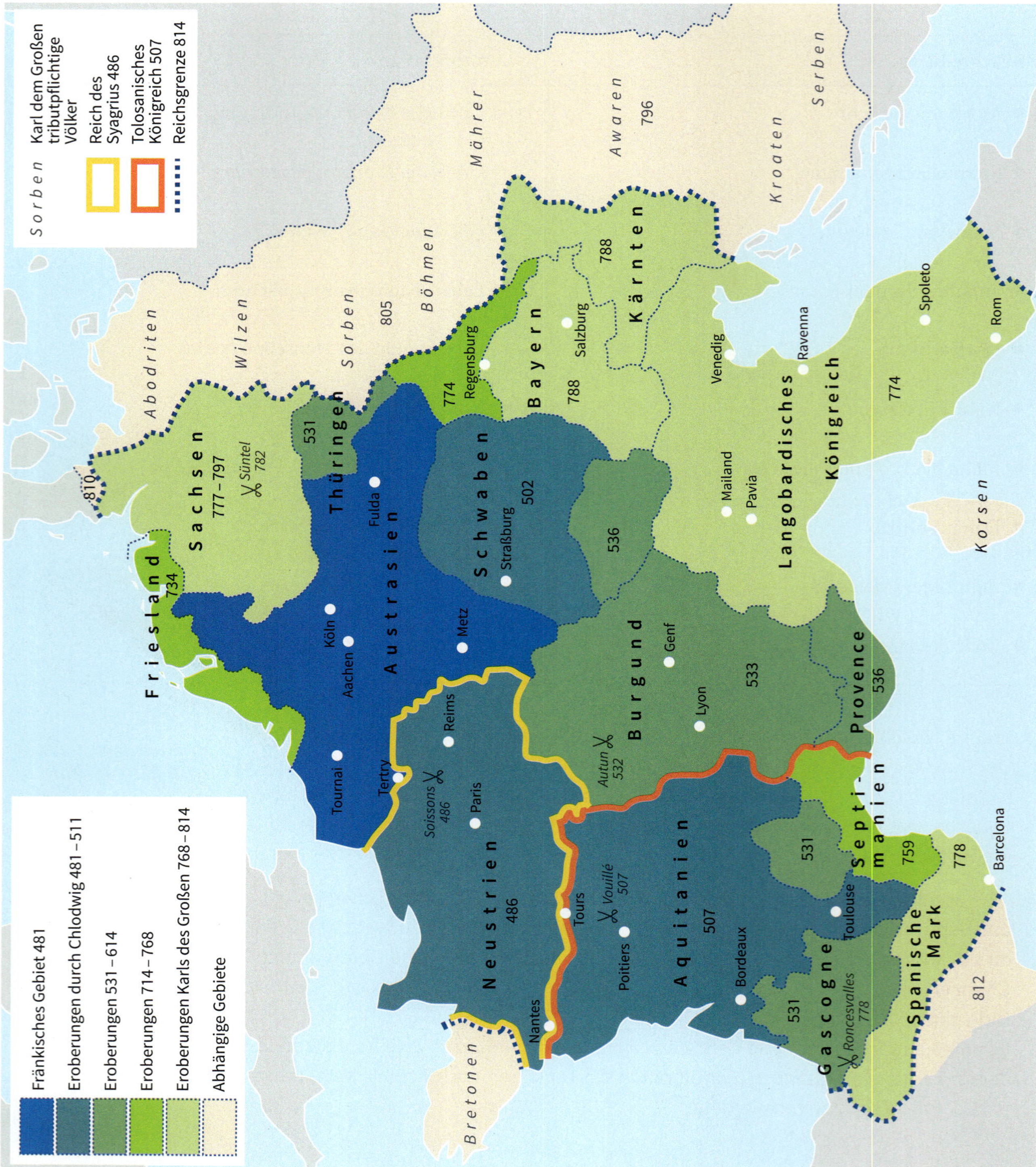

Das Frankenreich – ein erster deutscher Versuch?

Karte 2: BRD heute

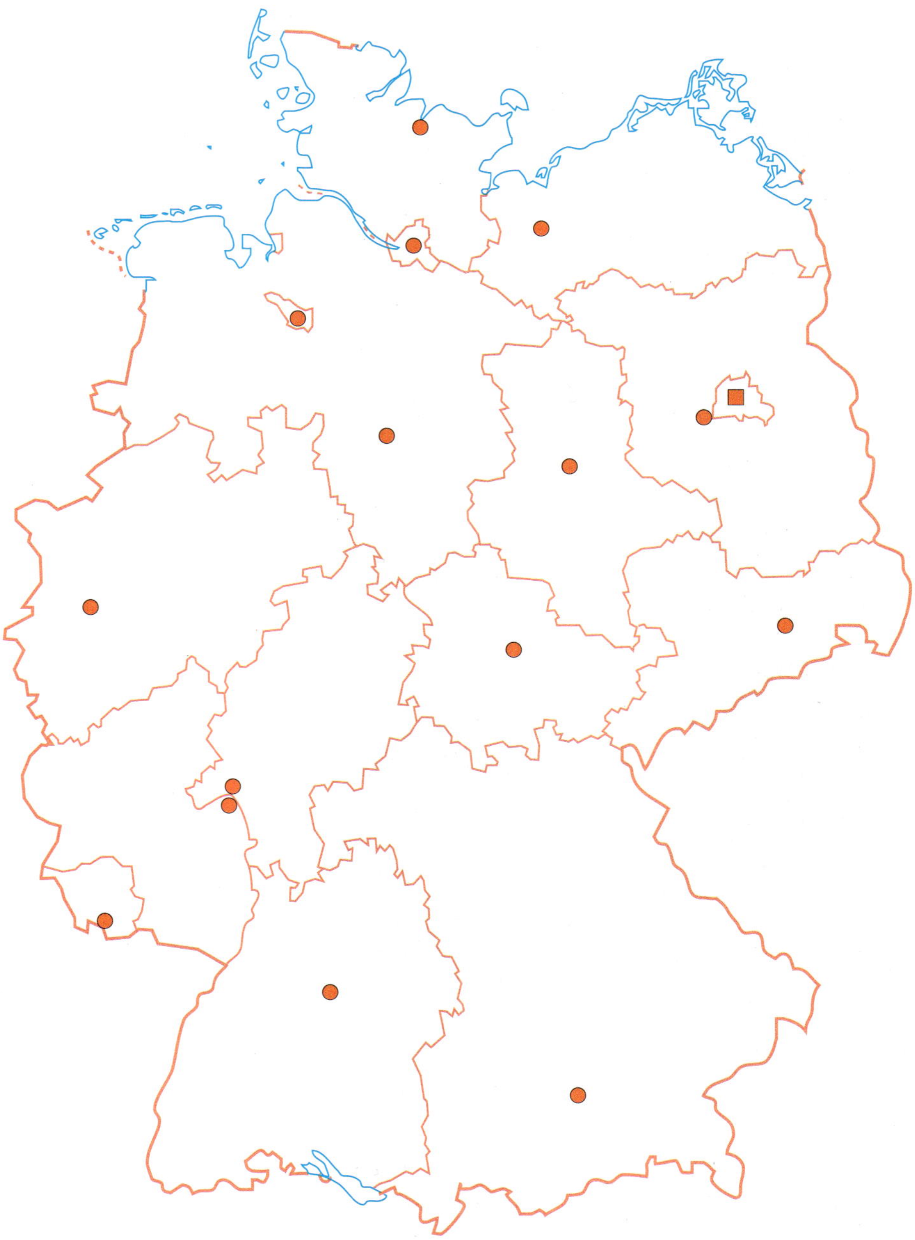

1. Trage die Namen der Bundesländer in die Karte 2 ein. Vergleiche die Namen der Bundesländer mit den Regionen des Frankenreiches. Welche Gemeinsamkeiten kannst du feststellen?
2. Vergleiche die Grenzen des Frankenreiches mit der Bundesrepublik Deutschland und benenne die Unterschiede.
3. Entwickle mit deinem Nachbarn ein Streitgespräch zwischen einem Franzosen und einem Deutschen über die Frage, ob das Frankenreich ein erster deutscher Versuch war.
4. Führe aus, welche Gefahren entstehen könnten, wenn sich moderne Staaten auf historische Grenzen berufen und diese reaktivieren möchten.

Das Frankenreich – ein erster deutscher Versuch?

1. Trage die Namen der Bundesländer in die Karte 2 ein. Vergleiche die Namen der Bundesländer mit den Regionen des Frankenreiches. Welche Gemeinsamkeiten kannst du feststellen?

Auf beiden Karten tauchen die Gebiete Bayern, Sachsen und Thüringen auf. Zudem finden sich so bekannte Namen wie Schwaben, Friesen und in Österreich das Bundesland Kärnten wieder.

2. Vergleiche die Grenzen des Frankenreiches mit der Bundesrepublik Deutschland und benenne die Unterschiede.

Das Frankenreich erstreckte sich über die heutige BRD, Frankreich, Niederlande, Belgien, Schweiz, Österreich, sowie Teile von Spanien und Italien.

3. Entwickle mit deinem Nachbarn ein Streitgespräch zwischen einem Franzosen und einem Deutschen über die Frage, ob das Frankenreich ein erster deutscher Versuch war.

Individuelle Schülerantwort.

4. Führe aus, welche Gefahren entstehen könnten, wenn sich moderne Staaten auf historische Grenzen berufen und diese reaktivieren möchten.

Nationalistische Strömungen könnten mit Rückgriffen auf die Vergangenheit diverse Gebietsansprüche gegenüber anderen Ländern stellen, die im schlimmsten Falle zu Kriegen führen könnten.

Teste dein Wissen

Periodisierung

Z	R	X	X	W	I	B	Y	M	L	R	I	G	I	Q	A	E	L	G	H	Q	G
F	R	A	N	Z	Ö	S	I	S	C	H	E	R	E	V	O	L	U	T	I	O	N
S	O	O	S	O	S	V	T	M	J	T	O	D	I	Z	H	C	Y	T	E	F	E
H	E	S	H	B	L	C	M	I	G	R	A	T	I	O	N	G	H	G	A	N	V
C	P	R	X	S	U	Y	D	Q	Y	W	B	N	A	M	E	C	I	X	F	S	K
Z	O	X	C	Y	T	Q	B	A	Y	E	R	N	P	J	V	U	R	F	B	P	F
V	C	R	B	B	H	T	K	Q	Z	X	Y	O	Q	G	Y	B	P	N	B	S	V
G	H	Q	D	M	E	U	U	H	B	A	L	K	A	N	R	O	U	T	E	L	Q
Z	E	B	F	V	R	N	L	H	M	P	M	X	W	O	V	P	G	W	O	U	Q
H	U	R	L	H	Z	N	G	C	B	C	C	K	U	I	S	T	H	K	I	F	A
V	W	R	O	M	A	N	I	S	I	E	R	U	N	G	X	Q	I	U	L	R	L
G	H	C	Y	N	P	D	T	F	Z	I	T	Y	T	U	F	L	H	Q	K	A	Z
O	K	Y	J	A	N	G	E	L	N	V	P	P	D	N	O	E	W	O	W	N	T
T	K	F	U	P	C	H	R	C	G	J	A	I	G	Q	J	W	S	N	D	K	J
H	N	U	V	Ö	L	K	E	R	W	A	N	D	E	R	U	N	G	R	D	R	U
E	O	C	Y	V	N	W	L	S	V	Q	I	B	H	P	P	L	Z	Z	Q	E	N
N	T	Z	H	J	O	H	Q	F	E	A	O	Z	G	E	M	Y	R	L	A	I	V
K	B	C	C	K	A	R	L	D	E	R	G	R	O	S	S	E	N	N	X	C	K
H	R	K	P	M	L	H	G	O	J	I	Q	P	J	T	Q	C	M	D	C	H	V
F	M	S	T	H	E	S	E	N	A	N	S	C	H	L	A	G	U	N	F	D	P
T	M	X	F	S	M	K	K	G	Q	B	J	Y	V	R	Y	T	O	S	W	G	N
I	L	J	J	E	A	C	S	A	C	H	S	E	N	N	U	J	M	O	D	W	O

Diese Wörter sind versteckt:

① Französische Revolution
② Völkerwanderung
③ Thesenanschlag
④ Romanisierung
⑤ Karl der Große
⑥ Balkanroute
⑦ Frankreich
⑧ Migration
⑨ Sachsen
⑩ Gothen
⑪ Epoche
⑫ Bayern
⑬ Luther
⑭ Angeln

Teste dein Wissen

Lösung für „Periodisierung“

Z	R	X	X	W	I	B	Y	M	L	R	I	G	I	Q	A	E	L	G	H	Q	G
F	R	A	N	Z	Ö	S	I	S	C	H	E	R	E	V	O	L	U	T	I	O	N
S	O	O	S	O	S	V	T	M	J	T	O	D	I	Z	H	C	Y	T	E	F	E
H	E	S	H	B	L	C	M	I	G	R	A	T	I	O	N	G	H	G	A	N	V
C	P	R	X	S	U	Y	D	Q	Y	W	B	N	A	M	E	C	I	X	F	S	K
Z	O	X	C	Y	T	Q	B	A	Y	E	R	N	P	J	V	U	R	F	B	P	F
V	C	R	B	B	H	T	K	Q	Z	X	Y	O	Q	G	Y	B	P	N	B	S	V
G	H	Q	D	M	E	U	U	H	B	A	L	K	A	N	R	O	U	T	E	L	Q
Z	E	B	F	V	R	N	L	H	M	P	M	X	W	O	V	P	G	W	O	U	Q
H	U	R	L	H	Z	N	G	C	B	C	C	K	U	I	S	T	H	K	I	F	A
V	W	R	O	M	A	N	I	S	I	E	R	U	N	G	X	Q	I	U	L	R	L
G	H	C	Y	N	P	D	T	F	Z	I	T	Y	T	U	F	L	H	Q	K	A	Z
O	K	Y	J	A	N	G	E	L	N	V	P	P	D	N	O	E	W	O	W	N	T
T	K	F	U	P	C	H	R	C	G	J	A	I	G	Q	J	W	S	N	D	K	J
H	N	U	V	Ö	L	K	E	R	W	A	N	D	E	R	U	N	G	R	D	R	U
E	O	C	Y	V	N	W	L	S	V	Q	I	B	H	P	P	L	Z	Z	Q	E	N
N	T	Z	H	J	O	H	Q	F	E	A	O	Z	G	E	M	Y	R	L	A	I	V
K	B	C	C	K	A	R	L	D	E	R	G	R	O	S	S	E	N	N	X	C	K
H	R	K	P	M	L	H	G	O	J	I	Q	P	J	T	Q	C	M	D	C	H	V
F	M	S	T	H	E	S	E	N	A	N	S	C	H	L	A	G	U	N	F	D	P
T	M	X	F	S	M	K	K	G	Q	B	J	Y	V	R	Y	T	O	S	W	G	N
I	L	J	J	E	A	C	S	A	C	H	S	E	N	N	U	J	M	O	D	W	O

Diese Wörter sind versteckt:

① Französische Revolution
② Völkerwanderung
③ Thesenanschlag
④ Romanisierung
⑤ Karl der Große
⑥ Balkanroute
⑦ Frankreich
⑧ Migration
⑨ Sachsen
⑩ Gothen
⑪ Epoche
⑫ Bayern
⑬ Luther
⑭ Angeln

Baustein 2

Herrschaftsstrukturen im Mittelalter

Überblick

In diesem Baustein finden Sie Arbeitsblätter zu den Herrschaftsstrukturen im Mittelalter und den Organisationsformen, welche sich nach dem Untergang des weströmischen Reiches herausbildeten:

- **AB 1** thematisiert mithilfe eines fiktiven Briefes verschiedene Aspekte des Lehenswesens unter der Stundenfrage: **Das mittelalterlicher Lehenswesen – ein System der Ausbeutung?** Arbeitsblatt 1 S. 27
- Das **AB 2** präsentiert den Lernenden ein Pergamentblatt aus dem Codex Balduini von 1340 und untersucht unter der Frage: **Die sieben Kurfürsten – eine mittelalterliche Demokratie?** die Art und Weise der Königswahl. Arbeitsblatt 2 S. 29
- Das mittelalterliche Lehenswesen war nicht störungsfrei. Dieser Tatsache wird mithilfe eines Quellenausschnittes des Chronisten Arnold von Lübeck (ca. 1150 – 1214) unter der Fragestellung **Der mittelalterliche Kaiser – ein uneingeschränkter Herrscher? (AB 3)** nachgegangen. Arbeitsblatt 3 S. 31
- Die Aufgabenblätter **AB 4a** und **AB 4b** stellen anhand des Investiturstreits die Frage: **Papst oder König – Wer hat die Macht im Reich?** Arbeitsblatt 4a – b S. 33 + 34
- Das **AB 5** schließlich regt zur Diskussion über Sinn und Unsinn des mittelalterlichen Reisekönigtums unter der Stundenfrage **Das Reisekönigtum – viel Aufwand für nichts?** an. Arbeitsblatt 5 S. 36

Sachanalyse

Entwicklung des Lehenswesen

Der Begriff Feudalismus beschreibt die in Europa nach dem Untergang des Weströmischen Reiches im 5. Jahrhundert vorherrschende politische, gesellschaftliche und wirtschaftliche Ordnung. Das Feudal- oder auch Lehenswesen entwickelte sich aus dem besonderen Schutz- und Treueverhältnis des Klientelwesens des römischen Reiches und beinhaltet ein System der personenrechtlichen und sachrechtlichen Abhängigkeiten zwischen dem Lehensherren (derjenige, welcher ein Lehen vergibt) und seinen Vasallen (Lehensempfänger). Der Lehensherr, beispielsweise ein König, besitzt aufgrund seines Amtes große Ländereien, ist aber nicht in der Lage und willens seine Besitztümer selbst zu verwalten und zu bewirtschaften und übergibt diese somit an seine Vasallen. Diese adligen Untertanen verpflichten sich im Gegenzug u. a. dazu, einen Teil ihrer erwirtschafteten Erträge abzugeben und sind ihrem Lehensherren unterschiedliche Dienstleitungen, im Besonderen Kriegsdienste, schuldig. Neben einem zu bewirtschaftenden Gut kann das Lehensgut auch aus Nahrung, Kleidung oder Schutz bestehen. So oder so entstand ein besonderes persönliches, unter Eid geschlossenes Schutz- und Treueverhältnis auf Gegenseitigkeit. Die hohen Adligen, die sogenannten Kronvasallen, bewirtschafteten ihr Lehensgut jedoch nicht selbst, sondern hatten ihrerseits niedrige Adligen als Untervasallen (Aftervasallen) unter sich. Doch auch die niedrigen Adligen standen nicht am Ende der Kette; sie waren Vasallen und Lehensherren zugleich, aber nur ihrem direkten Lehensherren verpflichtet. So etablierte sich ein Ordnungswesen, welches alle gesellschaftlichen und staatlichen Bereiche durchdrang.

Besondere Rechte und Pflichten

Freie und unfreie Bauern standen am unteren Ende der Lehenspyramide. Sie bekamen Land zur Bearbeitung überlassen und leisteten im Gegenzug Naturalabgaben aus Ernteerträgen und Viehwirtschaft, gaben Geld oder mussten Arbeit (Frondienste) verrichten. Das Zentrum einer Grundherrschaft bildete der Adelssitz, zumeist eine Burg, welche von einem Herrenhof versorgt wurde. Auch hier mussten die Bauern Frondienste leisten. Der Herrenhof war der Sitz eines Dienstmannes, der mithilfe untergeordneter Verwalter (Meier) die Fronabgaben eintrieb sowie die Frondienste und den Schutz der Bauern organisierte. Das hier dargestellte System ist stark vereinfacht und idealisiert. Je nach Größe der Grundherrschaft konnten die Abgaben der Bauern beispielsweise über sogenannte Meierhöfe weitergeleitet werden. Einflussreiche Adlige konnten zu ihrem Besitz tausende Höfe zählen.

Freie und unfreie Bauern

Unfreie Bauern (Grundholde) „gehörten" sozusagen zu einem Lehensgut und konnten auch vererbt werden. Sie durften das Land ohne Einverständnis ihres Grundherren nicht verlassen und benötigten sogar ein Einverständnis zur Heirat. Für freie Bauern galten bestimmte Bedingungen, die sich zumeist aber kaum von denen der unfreien Bauern unterschieden.

Lehenspyramide als idealisierte Darstellung

Neuere Forschungen haben allerdings ergeben, dass die sogenannte Lehenspyramide auch eine idealisierte Darstellung ist; ein König konnte beispielsweise niedrige Adlige als Vasallen verpflichten, es gab Vasallenverhältnisse unter Gleichgestellten und in Ausnahmefällen konnte ein niedrig stehender Adliger einen Höhergestellten belehnen.

Rivalität zwischen Barbarossa und Heinrich dem Löwen

Dass dieses Treueverhältnis nicht immer eingehalten wurde und zu weitreichenden Konflikten führte, zeigt beispielsweise der Disput zwischen Barbarossa und Heinrich dem Löwen. Im Jahre 1176 benötigte Kaiser Barbarossa die Unterstützung seiner Fürsten gegen die oberitalienischen Städte. Diese wehrten sich zunehmend gegen die Bevormundung durch die deutschen Kaiser, welche Oberitalien als Reichsgebiet betrachteten und Steuern verlangten. Im Bündnis mit Mailand an der Spitze trotzen diese dem damaligen Kaiser Barbarossa, der die Unterstützung seiner Reichsfürsten einforderte. Besonders auf die Hilfe des mächtigen Reichsfürsten Heinrich des Löwen war er angewiesen. Dieser verweigerte ihm jedoch die Lehenstreue und nahm nicht an einem Feldzug in Italien teil, der somit scheiterte. Daraufhin ließ der Kaiser Heinrich als Majestätsverbrecher verurteilen und entzog ihm beide Lehen in Sachsen und Bayern, seitdem waren die Wittelsbacher die Lehnsherren in Bayern. Heinrich flüchtete daraufhin ins englische Exil. Der Prozess gegen Heinrich wurde in der sogenannten Gelnhäuser Urkunde festgehalten und konnte auch nur mit der Unterstützung der anderen Reichsfürsten vollzogen werden, denn das Urteil wurde militärisch vollstreckt.

Dezentralisierung des Reiches

Diesen Reichsfürsten musste der Kaiser jedoch Zugeständnisse und Versprechen machen, womit die Dezentralisierung des Reiches weiter vorangetrieben wurde.

Königswahl im Mittelalter

Die deutsche Königswahl wurde im Mittelalter von ursprünglich sieben Kurfürsten (Erzbischöfen von Köln, Mainz und Trier und den weltlichen Adligen, dem Pfalzgraf bei Rhein, dem Herzog von Sachsen, dem Markgraf von Brandenburg und dem König von Böhmen) durchgeführt. Die einfache Mehrheit gab den Ausschlag. Die Königswähler und das Verfahren wurden erstmals 1356 von Karl IV. in der Goldenen Bulle festgelegt. Vorher wählten eine unbestimmte Anzahl der mächtigsten und einflussreichsten Fürsten des Reichs den neuen König. Die Königswähler kristallisierten sich schon während des Investiturstreits heraus und reklamierten für sich, das Wohl und die Interessen des Reiches zu wahren. Besonders deutlich wird dies, wenn man den berühmten Gang Heinrich des IV. nach Canossa betrachtet, der von den Fürsten erzwungen wurde, mit der Drohung ansonsten einen neuen König zu wählen. Die Gefahr bei solchen Wahlen bestand darin, dass sich die Kurfürsten bestechen lassen konnten oder einen schwachen König mit geringer Hausmacht wählten, der ihnen politisch nicht gefährlich werden konnte. Das hatte zur Folge, dass sich das Reich immer weiter dezentralisierte, weil ein starker König fehlte, der die zentrifugalen Kräfte innerhalb des Reiches bändigte.

Der Investiturstreit selbst bezeichnet die Auseinandersetzung zwischen geistlicher und weltlicher Macht im späten 11. und frühen 12. Jahrhundert. Namensgebend für den Konflikt war die sogenannte Investitur: Die Einsetzung eines neuen Bischofs in sein Amt und damit einhergehend eine Übertragung verschiedener Rechte und Aufgaben. Dieses Recht, welches die deutschen Könige und Kaiser praktizierten, gab seit längerer Zeit Anlass zu Streitigkeiten, da es die Kräfteverhältnisse zwischen den konkurrierenden Mächten entscheidend beeinflussen konnte. Mit dem neuen Papst Gregor VII. (Papst von 1073 – 1085) kam ein Reformer an die Macht, der die Kirchenfreiheit (libertas ecclesiae) besonders betonte. Seine Gedanken dazu formulierte er im März 1075 in einem Schriftstück mit dem Titel Dictatus Papae: In 27 Leitsätzen verdeutlichte er hier seine Ideen zur Stellung der Kirche über dem weltlichen Staat und formulierte damit seinen Herrschaftsanspruch aus. Als Heinrich der IV. in seiner Funktion als König aber weitere Bischöfe investierte, drohte der Papst ihm mit einem Kirchenbann, sollte er die Ernennungen nicht zurücknehmen. Dem bedrohten König gelang es aber, sich mit der Mehrheit der deutschen Bischöfe zu verbünden. Im Hoftag zu Worms von 1076 verfassten die Bischöfe ein Schreiben, in welchem sie dem Papst den Gehorsam verweigerten. Zudem forderte Heinrich den Papst in einem weiteren Schreiben (descende, descende: Steige herab!) zum Rücktritt auf, da seiner Überzeugung nach die geistliche der weltlichen Macht untergeordnet sei. Papst Gregor VII. erklärte daraufhin im gleichen Jahr den König auf einer Synode in Rom für abgesetzt, für seine Worte wählte er die Gebetsform. Damit waren Fürsten und Bischöfe nicht mehr an ihren Treueid dem König gegenüber gebunden und immer mehr Untergebene fielen von ihm ab. Der König begab sich daraufhin auf den berühmt gewordenen Weg nach Canossa, um den Papst um Vergebung und Rücknahme des Kirchenbannes zu bitten, was dieser ihm am dritten Tag auch gewährte.

Konflikt zwischen geistlicher und weltlicher Macht

Gang nach Canossa

Das Reisekönigtum war im Mittelalter die übliche Form der Herrschaftsausübung. Könige und Kaiser regierten nicht von einem festen Herrschaftssitz oder von einer Hauptstadt aus, sondern reisten von Stützpunkt zu Stützpunkt, den sogenannten Pfalzen. Begleitet wurden sie in wechselnder Zusammensetzung, beispielsweise vom Hofstaat und der Familie. Die Pfalz selbst befand sich zumeist auf einem direkt dem König gehörenden Grund, konnte aber sich auch bei Bischofssitzen, Klöstern oder Städten befinden und musste in der Lage sein, den König und seine bis zu mehreren hundert Personen zählende Begleitung aufzunehmen und zu verpflegen. Dort wurden dann Hof- bzw. Reichstage abgehalten, die unterschiedlichsten Amtshandlungen ausgeführt und Feste begangen. Während viele Pfalzen verkehrsgünstig lagen, lassen andere wohl Vorlieben der jeweiligen Herrscher erkennen, was sich auch in der Häufigkeit der abgehaltenen Besuche zeigt. Die Könige im Mittelalter waren somit nur in der Lage, ihre Herrschaft dezentral auszuüben. Neben politischen Gründen wie persönliche Herrschaftsbeziehungen, direktem Kontakt und Kontrolle waren vor allem wirtschaftliche Gründe für das Reisekönigtum ausschlaggebend: Es war einfacher, den König mitsamt seinem umfangreichen Verwaltungsapparat in den Pfalzen zu versorgen als dauerhaft an einem festgelegten Ort.

Reisekönigtum

Vorteile dieser Art der Herrschaft

Methodisch-didaktische Analyse

Mit Hilfe der fiktiven Anweisung des Königs an seinen Sohn (**AB 1**) sollen den Schülerinnen und Schülern zunächst die Grundlagen des mittelalterlichen Lehenswesens sowie der Grundherrschaft veranschaulicht werden. Im Anschluss setzen sich die Lernenden mit den Vor- und Nachteilen des Reisekönigtums auseinander und erarbeiten sich auf Grundlage der Quelle die Prinzipien der Grundherrschaft. Das Arbeitsblatt eignet sich insbesondere als Partner- oder Gruppenarbeit und am Ende der Besprechung kann die Stundenfrage diskutiert werden: **Das mittelalterlicher Lehenswesen – ein System der Ausbeutung?**

AB 1

Leitfrage

AB 2 Die Schülerinnen und Schüler sollen mit Hilfe des **AB 2** zuerst eine detaillierte Bildbeschreibung anfertigen. Hier ist vor allem auf die Anzahl, das Geschlecht, die Wappen und die Huttracht zu achten. Auch Referate zu den einzelnen Kurfürsten wären eine sinnvolle Ergänzung. Mithilfe der dritten Aufgabe sollen die Schülerinnen und Schüler die Stundenfrage **Die sieben Kurfürsten – eine mittelalterliche Demokratie?** beantworten. Wichtig ist hierbei, dass sich die Lernenden mit der Frage auseinandersetzen, was eine Demokratie oder eine demokratische Wahl eigentlich ausmacht. Die Antworten sollen im Plenum besprochen werden. Zuletzt weist die vierte Aufgabe auf die Gefahren dieser Form von „Demokratie" hin, denn je kleiner der Kreis der Wähler, desto größer ist die Gefahr von Korruption. Dazu kann der Lehrer beispielsweise eine Parallele zur FIFA und den Korruptionsskandal um Sepp Blatter ziehen.

Leitfrage

AB 3 Die Lernenden sollen bei der Bearbeitung der ersten Aufgabe des **AB 3** erkennen, dass der damalige Kaiser auf die Unterstützung seiner Reichsfürsten angewiesen war. Die drastische Darstellung des Hilfegesuchs des Kaisers, die vom Autor der Quelle natürlich überzeichnet ist, soll den Lernenden verdeutlichen, wie abhängig er zudem war und wie damalige Zeitzeugen das Verhältnis des Kaisers zu seinen Vasallen sahen. Gerade in der drastischen Darstellung wird den Schülerinnen und Schülern deutlich, dass das Lehnswesen eben nicht störungsfrei war. Heinrich kam seinen Pflichten als Vasall nicht nach und wurde dafür auch später bestraft. Sinnvoll wäre, nochmals das Lehnswesen aufzugreifen und Pflichten und Rechte von Lehnsherrn und Vasallen im Plenum zu diskutieren. Nun kann die Stundenfrage: **Der mittelalterliche Kaiser – ein uneingeschränkter Herrscher?** erörtert werden. Dabei könnte man auf die Abhängigkeit des Kaisers von seinem Fürsten eingehen und auf die Tatsache, dass sich die italienischen Städte gegen seinen Herrschaftsanspruch wehrten.

Leitfrage

AB 4a–b Die Arbeitsblätter **4a** und **4b** sollen zu einem vertieften Verständnis des Investiturstreits beitragen. Die Lehrkraft kann vorab mithilfe des Schulbuches o.ä. in den politischen Konflikt um die Amtseinsetzung der Geistlichen einleiten. Daraufhin erhalten die Schülerinnen und Schüler die Leitsätze des Dictatus Papae (**AB 4a**), deren Brisanz sie in der 1. Aufgabe erläutern; zudem wird in Aufgabe 2 der Fokus auf den konkret ausformulierten Herrschaftsanspruch des Papstes über die weltliche Macht gelenkt. Die Aufgabe 3 regt zum Nachdenken über mögliche Reaktionsweisen des Königs an und bereitet damit das **AB 4b** vor, mithilfe dessen den Lernenden zwei Quellentexte der „Korrespondenz" zwischen König und Papst präsentiert werden. Hier besteht die Möglichkeit, die Quellentexte aufzuteilen und die Schülerinnen und Schüler die Arbeitsergebnisse der Aufgaben 1 und 2 gegenseitig erklären zu lassen. Im Anschluss kann im Unterrichtsgespräch die Frage gestellt werden: **Papst oder König – Wer hat die Macht im Reich?** Eine abschließende Beurteilung ist an dieser Stelle nicht möglich und sollte nachgeliefert werden, wenn das Wormser Konkordat zum Unterrichtsthema wird. Natürlich kann in einem Lehrervortrag ein Ausblick gegeben werden, nachdem die Aufgabe 3 in Partnerarbeit bearbeitet worden ist, um sich zuerst gemeinsam über mögliche Problemlösungen zu verständigen.

Leitfrage

AB 5 Das **AB 5** verschafft den Lernenden mithilfe einer Deutschlandkarte einen Überblick über die Pfalzen im Mittelalter und anhand einer realen Reiseroute Heinrichs VI. von Hohenstaufen einen Einblick in dessen Reisetätigkeit. Für die Bearbeitung der 1. Aufgabe ist ein Atlas o.ä. notwendig; das Schätzen der Reiseroute leitet sogleich zu einer Bewertung der Herrschaftsform über (Aufgabe 2); hier kann auch die Stundenfrage **Das Reisekönigtum – viel Aufwand für nichts?** formuliert werden. Die abschließende Aufgabe 3 stellt schließlich einen aktuellen Bezug her.

Leitfrage

Das mittelalterlicher Lehenswesen – ein System der Ausbeutung?

Lieber Sohn,

bald wirst Du die Herrschaft meines glorreichen Reiches übernehmen und den Thron unserer Vorfahren besteigen. Es ist alter Brauch, dass Du von mir die Grundlagen deiner Herrschaftsausübung erfährst. Wie Du weißt, ist es mir vergönnt gewesen, während meiner Herrschaftszeit große Probleme zu lösen. Da wir keinen festen Herrschaftssitz unser eigen nennen, musste ich über lange Jahre mein Reich von Ort zu Ort durchqueren. Auf diesen Reisen wurde Anstrengendes von mir verlangt: Ich musste Recht sprechen, Abgaben eintreiben und Kriegsdienste einfordern. Dies alles gelang mir gut und ich machte unserem Namen Ehre. Doch kaum reiste ich weiter, brach die geschaffene Ordnung auseinander: Die Abgaben wurden unvollständig geleistet, der Kriegsdienst verweigert und das Recht in eigene Hände genommen. Meine Untertanen drohten sich untereinander sogar mit Gewalt!

Mir wurde klar: Ein so großes Land wie das unsere kann man nicht leicht verwalten und alleine bewirtschaften. Aus diesem Grunde habe ich mich dazu entschlossen, einen Teil meiner Ländereien samt der ansässigen Bauern und deren Höfe zu verleihen. Doch nicht ohne Gegenleistung! Derjenige Vasall, der von mir dieses Lehen empfängt, muss sich mir persönlich Unterwerfen und verpflichtet sich mit einem Eid der Treue: Er muss für mich in den Krieg ziehen, darf mir in keinster Weise schaden und muss einen Teil seiner Erträge an mich abtreten. Auf mein Verlangen hin muss er außerdem bestimmte Aufgaben übernehmen. Dafür gewähre ich ihm besonderen Schutz durch meine Ritter. Aber Achtung: Das Lehen fällt nach dem Tode des Vasallen an mich zurück. Auf keinen Fall darf es erblich werden.

Wenn es meinem Vasallen aber gefällt, darf er das Lehen selbst an andere, unter ihm stehende Adlige, mit denselben Rechten und Pflichten, weitergeben. Dieses System ermöglicht es mir, die Herrschaft in meinem ganzen großen Reich auszuüben und die Kontrolle zu wahren.

(Autorentext)

1. Markiere farbig die Rechte und Pflichten, die sich aus dem besonderen Schutz- und Treueverhältnis zwischen dem König und seinen Vasallen ergeben.
2. Stelle das Verhältnis zwischen dem König als Lehensherr und seinen Vasallen in einem Schaubild graphisch dar.
3. Einige Bauern sind nicht mehr in der Lage, die geforderten Abgaben zu entrichten und hoffen auf die Einsicht des Königs.
   a) Verfasse aus der Sicht eines Bauern einen Bittbrief an den König, in welchem du deine Probleme schilderst.
   b) Verfasse aus der Sicht des Königs ein Schreiben an die Bauern, in welchem du sie an ihre Pflichten gegenüber ihren Lehensherren erinnerst.
4. Nehme Stellung zu folgender Aussage: „Das mittelalterliche Lehenswesen ist ein System, welches auf der Ausbeutung beruht."
5. Stelle Vermutungen an, warum der König großen Wert darauf legte, dass sein Lehen nicht erblich werden darf.

Das mittelalterlicher Lehenswesen – ein System der Ausbeutung?

1. Markiere farbig die Rechte und Pflichten, die sich aus dem besonderen Schutz- und Treueverhältnis zwischen dem König und seinen Vasallen ergeben.

Mir wurde klar: Ein so großes Land wie das unsere kann man nicht leicht verwalten und alleine bewirtschaften. Aus diesem Grunde habe ich mich dazu entschlossen, einen Teil meiner **Ländereien samt der ansässigen Bauern und deren Höfe zu verleihen**. Doch nicht ohne Gegenleistung! Derjenige Vasall, der von mir dieses Lehen empfängt, muss sich **mir persönlich Unterwerfen** und **verpflichtet sich der Treue**: Er muss für mich **in den Krieg ziehen**, darf mir in **keinster Weise schaden** und muss einen **Teil seiner Erträge an mich abtreten**. Auf mein Verlangen hin muss er außerdem **bestimmte Aufgaben übernehmen**. Dafür gewähre ich ihm meinen **besonderen Schutz durch meine Ritter**. Aber Achtung: Das **Lehen fällt nach dem Tode des Vasallen an mich zurück. Auf keinen Fall** darf es **erblich** werden.
Wenn es meinem Vasallen aber gefällt, **darf er das Lehen selbst an andere**, unter ihm stehende Adlige, **mit denselben Rechten und Pflichten, weitergeben.** Dieses System ermöglicht es mir, die Herrschaft in meinem ganzen großen Reich auszuüben und die Kontrolle zu wahren.

2. Stelle das Verhältnis zwischen dem König als Lehensherr und seinen Vasallen in einem Schaubild graphisch dar.

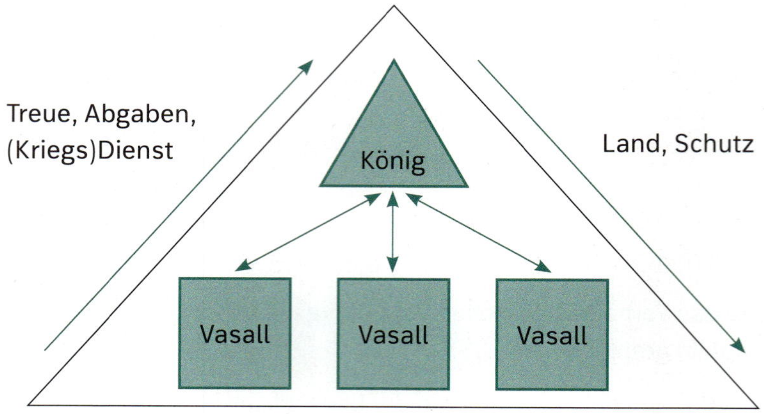

3. Einige Bauern sind nicht mehr in der Lage, die geforderten Abgaben zu entrichten und hoffen auf die Einsicht des Königs.

a) Verfasse aus der Sicht eines Bauern einen Bittbrief an den König, in welchem du deine Probleme schilderst.

b) Verfasse aus der Sicht des Königs ein Schreiben an die Bauern, in welchem du sie an ihre Pflichten gegenüber ihren Lehensherren erinnerst.

Individuelle Schülerlösung.

4. Nehme Stellung zu folgender Aussage: „Das mittelalterliche Lehenswesen ist ein System, welches auf Ausbeutung beruht."

Individuelle Schülerantwort; es sollte jedoch herausgestellt werden, dass in Zeiten fehlender Justiz und Polizeiorgane der Schutz durch den Grundherrn überlebenswichtig war. Auch wenn Vasallen und Untervasallen die zu leistenden Abgaben von den Bauern erwirtschaften ließen und diese als schwächste Glieder in der Hierarchie schamlos ausbeuteten, mussten die Grundherren dennoch mit Leib und Leben im Kriegs- oder Verteidigungsfall einstehen.

5. Stelle Vermutungen an, warum der König großen Wert darauf legte, dass sein Lehen nicht erblich werden darf.

Das mittelalterliche Lehenswesen basierte auf der unmittelbaren persönlichen Beziehung zwischen dem Lehensherrn und dem Vasallen. Der Eid bekräftigte dieses besondere Schutz- und Treueverhältnis. Wäre das Lehen erblich geworden, entfiele die direkte Verbindung zwischen Herrn und Vasallen. Die Machtposition des Königs würde geschwächt, da die Möglichkeit ein Lehen direkt zu vergeben nun entfallen würde.

Die sieben Kurfürsten – eine mittelalterliche Demokratie?

Der **Codex Balduineus**, eine spätmittelalterliche Bilderhandschrift aus 37 Pergamentblättern, (um 1340) enthält die erste bekannte bildliche Darstellung des Kurfürstenkollegiums. Die sieben Kurfürsten, mächtige Adlige, hatten stets die Aufgabe, den König zu wählen. Jeder hatte eine Stimme und die Mehrheit gewann.

1. Beschreibe, was auf dem Bild zu erkennen ist. Versuche dabei jedes Detail zu beachten.
2. Die Kurfürsten bestanden aus den **Erzbischöfen von Köln**, **Mainz** und **Trier** und den weltlichen Adligen dem **Pfalzgraf bei Rhein**, dem **Herzog von Sachsen**, dem **Markgraf von Brandenburg** und dem **König von Böhmen**. Erläutere anhand der Abbildung, welche Gruppe die der Erzbischöfe ist.
3. Diskutiere mit einem Partner, ob hier eine demokratische Wahl stattgefunden hat. Vergleiche dazu die mittelalterliche Königswahl mit den Wahlen unserer heutigen Zeit.
4. Erläutere, welche Gefahren bei solch einer Art der Königswahl einhergehen könnten.

Die sieben Kurfürsten – eine mittelalterliche Demokratie?

1. Beschreibe, was auf dem Bild zu erkennen ist. Versuche dabei jedes Detail zu beachten.
   - sieben Männer sitzen auf Stühlen
   - sieben unterschiedliche Wappen
   - Männer unterscheiden sich nur durch ihre Sitzrichtung, ihre Gestik und Huttracht
   - Männer kommunizieren miteinander
   - weitere Details

2. Die Kurfürsten bestanden aus den **Erzbischöfen von Köln**, **Mainz** und **Trier** und den weltlichen Adligen dem **Pfalzgraf bei Rhein**, dem **Herzog von Sachsen**, dem **Markgraf von Brandenburg** und dem **König von Böhmen**. Erläutere anhand der Abbildung, welche Gruppe die der Erzbischöfe ist.
   Die Männer mit dem Pileolus (Mütze) auf dem Kopf sind die geistlichen Kurfürsten. Von links: Erzbischöfe von Köln, Mainz und Trier.

3. Diskutiere mit einem Partner, ob hier eine demokratische Wahl stattgefunden hat. Vergleiche dazu die mittelalterliche Königswahl mit den Wahlen unserer heutigen Zeit.
   Individuelle Schülerantwort; auf folgende Aspekte kann eingegangen werden:
   - Nein! Es waren immer dieselben Wähler, die nicht von Volk bestimmt wurden, den König zu wählen. Heute wählt das Volk Vertreter und diese wählen zum Beispiel den Bundeskanzler.
   - Ja! Es waren immerhin sieben Männer, die unabhängig den König gewählt haben. Die Mehrheit hat gewonnen. Diese Wahl ist demokratischer, als wenn der König seinen Titel an seinen Sohn vererbt.

4. Begründe, welche Gefahren bei so einer Art der Königswahl einhergehen könnten.
   Die sieben Kurfürsten haben eine unglaubliche Macht. Sie können sich vom zukünftigen König bestechen lassen, ihre Stimme verkaufen oder einen König wählen, der sehr schwach ist, damit sie ihn später kontrollieren können.

Der mittelalterliche Kaiser – ein uneingeschränkter Herrscher?

Aus der Chronik Arnolds von Lübeck (* unbekannt; † 27. Juni 1211 oder 1214), Zweites Buch, Kapitel 1

So hatte der Kaiser [Barbarossa] in diesen Kämpfen [in Italien] nicht das erwünschte Kriegsglück, sondern verließ, schwer bedrängt und besorgt, jenes Land, und kam über die Alpen nach Deutschland. Hier berief er [1176] die Fürsten, schilderte ihnen die Verwirrung des Reiches und forderte sie auf, mit ihm zur Überwältigung der Empörer nach Italien zu ziehen. Auch den Herzog Heinrich [den Löwen] suchte er durch die dringendsten Bitten zur Übernahme dieser Mühe zu bewegen. [...] Der Herzog dagegen gab vor, er sei durch die vielen Strapazen und Feldzüge, die er sowohl in Italien als auch sonst in Unzahl bestanden habe, nun, da er schon ein Greis sei, an Kräften erschöpft, und versicherte, er werde der kaiserlichen Majestät, was Gold und Silber und die sonstigen Erfordernisse zur Bildung eines Heeres anlange, bereitwilligst dienen, in eigener Person aber erklärte er mit Bestimmtheit nicht kommen zu können, ohne jedoch des Kaisers Gnade verscherzen zu wollen. Darauf antwortete der Kaiser: „Der Herr des Himmels hat Dich erhöhet unter den Fürsten, und Dich vor allen mit Reichtum und Ehren begnadigt; die ganze Stärke des Reiches beruht auf Dir; so ist es billig, dass Du, um die Arme aller zu diesem Werke zu kräftigen, Dich an die Spitze stellest, damit das Reich, welches jetzt zu wanken beginnt, durch Dich, der bisher anerkanntermaßen dessen vorzüglichste Stütze war, sich kräftig wieder erhebe. Wir bitten Dich, daran zu denken, dass wir dir nie einen Wunsch abgeschlagen haben, und stets bereit gewesen sind, Dich in allen Deinen Ehren und Würden zu fördern; dass wir Deinen Feinden stets feind waren und keinen Dir gegenüber mächtig werden ließen. Ohne also Deines Wortes und Deiner Eide zu gedenken, welche Du dem Reiche geschworen hast, wollen wir Dich jetzt nur an unsere Verwandtschaft, wodurch Du uns vor allen nahe stehst, erinnern, damit Du in der gegenwärtigen Not uns, der wir zugleich Dein Neffe, Dein Herr und Dein Freund sind, zu Hilfe kommen [mögest], und dafür in Zukunft in allem, was Du wünschest, unseres Wohlwollens Dich versichert halten mögest."

Da jedoch der Herzog sich noch immer weigerte, und sich zwar zu jeglicher Dienstleistung bereitwilligst erbot, in eigener Person aber nicht kommen zu können erklärte, so erhob sich der Kaiser von seinem Throne und fiel, von Angst überwältigt, ihm zu Füßen. Der Herzog nun geriet über einen so unerhörten Vorfall, dass der, unter dessen Füßen der Erdkreis sich beugt, erniedrigt am Boden lag, in große Bestürzung und hob ihn so schnell wie möglich empor, willigte aber doch nicht in sein Begehr [...].

„Heinrich der Löwe verweigert Kaiser Barbarossa die Gefolgschaft"; aus der Chronik Arnolds von Lübeck, Zweites Buch, Kapitel 1; online: http://www.schule-bw.de/unterricht/faecher/geschichte/unterricht/unterrichtsekII/mittelalter/heinrichloewe/heinrichsek2.pdf [01.09.2016]

1. Erkläre, weshalb Kaiser Barbarossa Heinrich den Löwen um Hilfe bat und welche Aussage man somit über die Machtstellung des Kaisers treffen kann.
2. Liste die Argumente auf, die der Kaiser benutzte, um Heinrich den Löwen zu überzeugen. Erkläre, wie diese Argumente auf dich wirken.
3. a) Zeichne einen Comic, der die Ereignisse des letzten Abschnitts (Z. 43 – 52) einfängt. Achte besonders darauf, wie der Kaiser vom Autor der Quelle dargestellt wird.
   b) Stellt die Ereignisse des letzten Abschnitts (Z. 43 – 52) szenisch dar. Achte besonders darauf, wie der Kaiser vom Autor der Quelle dargestellt wird.
4. Ergänze die Quelle um eine mögliche Reaktion des Kaisers.

Der mittelalterliche Kaiser – ein uneingeschränkter Herrscher?

1. Erkläre, weshalb Kaiser Barbarossa Heinrich den Löwen um Hilfe bat und welche Aussage man somit über die Machtstellung des Kaisers treffen kann.
   Der Kaiser benötigte die Hilfe der Fürsten für seine Kriege in Italien. Anscheinend war der Kaiser alleine nicht stark genug, um diese Kriege zu gewinnen und brauchte die Unterstützung seiner Fürsten. Der Kaiser war so von den Fürsten abhängig.

2. Liste die Argumente auf, die der Kaiser benutzte, um Heinrich den Löwen zu überzeugen. Erkläre, wie diese Argumente auf dich wirken.
   Heinrich sei der mächtigste und reichste Fürst. Er müsse sich an die Spitze stellen und dem Reich helfen!
   Er müsse sich dafür revanchieren, dass der Kaiser ihm noch nie etwas abgeschlagen habe.
   Aber des Kaisers Argumente wirken hilflos, er bettelt Heinrich geradezu an und möchte ihm schmeicheln.
   Es scheint geradeso, dass nicht der Kaiser, sondern sein Fürst der mächtigste Mann im Land ist.

3. a) Zeichne einen Comic, der die Ereignisse des letzten Abschnitts (Z. 43 – 52) einfängt. Achte besonders darauf, wie der Kaiser vom Autor der Quelle dargestellt wird.
   b) Stellt die Ereignisse des letzten Abschnitts (Z. 43 – 52) szenisch dar. Achte besonders darauf, wie der Kaiser vom Autor der Quelle dargestellt wird.
   Individuelle Schülerlösung.

4. Ergänze die Quelle um eine mögliche Reaktion des Kaisers.
   Individuelle Schülerlösung, wobei hervorzuheben ist, dass der Kaiser sicherlich enttäuscht und wütend gewesen sein könnte und sich garantiert an Heinrich rächen wollte. Dafür würde er aber die Hilfe anderer benötigen, weil er alleine anscheinend zu schwach war.

Papst oder König – Wer hat die Macht im Reich?

Das Dictatus Papae ist eine Gedankennotiz Papst Gregors VII. (1025 – 1085) aus dem Jahre 1075. Seine Ansichten zur Stellung der Kirche gibt er in diesem Schriftstück wieder. Unterhalb der Abbildung der ersten fünf Thesen findest du die von Papst Gregor VII. ausformulierten Leitsätze:

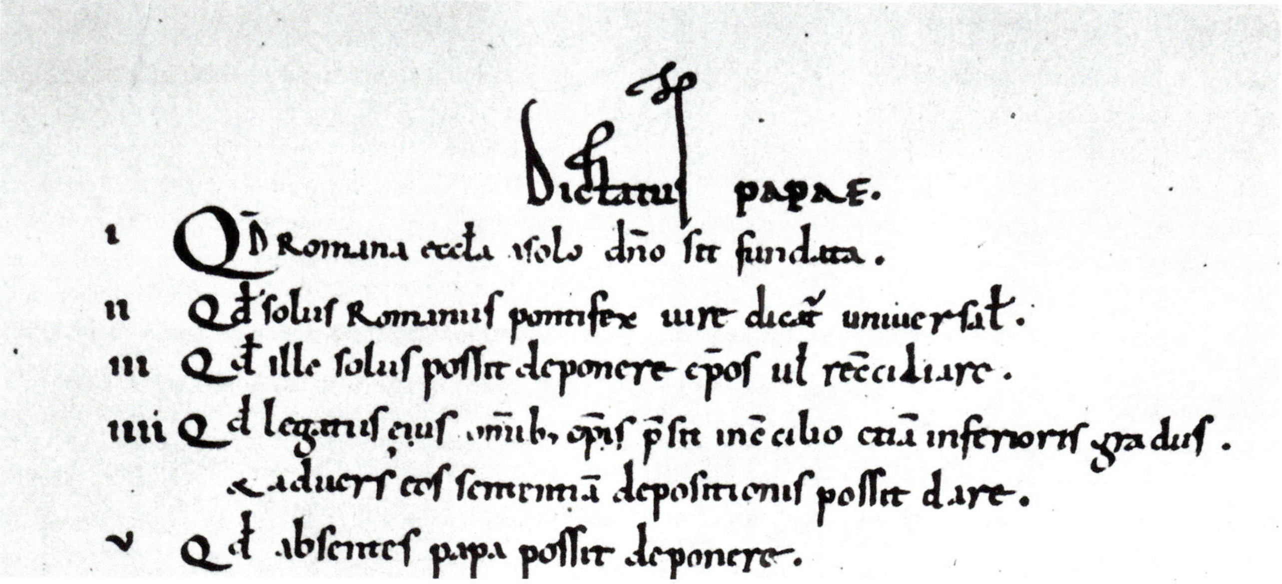

Dictatus papae.

I Qd Romana eccla a solo dno sit fundata.

II Qd solus Romanus pontifex iure dicatur universalis.

III Qd ille solus possit deponere epos vel reconciliare.

IIII Qd legatus eius omnibus epis psit in concilio etiam inferioris gradus. et adversus eos sententiam depositionis possit dare.

V Qd absentes papa possit deponere.

1 Dass die römische Kirche vom Herrn allein gegründet worden ist.

2 Dass allein der römische Papst mit Recht „universal" genannt wird.

3 Dass er allein Bischöfe absetzen und wieder einsetzen kann.

8 Dass er allein die kaiserlichen Herrschaftszeichen verwenden kann.

9 Dass alle Fürsten nur des Papstes Füße küssen.

12 Dass es ihm erlaubt ist, Kaiser abzusetzen.

18 Dass sein Urteilsspruch von niemandem widerrufen werden darf und er selbst als einziger die Urteile aller widerrufen kann.

19 Dass er von niemandem gerichtet werden darf.

21 Dass die wichtigen Streitfragen jeder Kirche an ihn übertragen werden müssen.

22 Dass die römische Kirche niemals in Irrtum verfallen ist und nach dem Zeugnis der Schrift niemals irren wird.

26 Dass nicht für katholisch gilt, wer sich nicht in Übereinstimmung mit der römischen Kirche befindet.

27 Dass er Untergebene vom Treueid gegenüber Sündern lösen kann.

Dictatus Papae – Gedankennotiz Papst Gregors VII. (1025 – 1085) aus dem Jahre 1075; online: https://de.wikipedia.org/wiki/Dictatus_Papae [01.09.2016]

1. Erkläre in eigenen Worten, inwiefern die Leitsätze sich gegen die Machtansprüche des Königs richten.
2. Entscheide dich für drei Leitsätze und erkläre, inwiefern in diesen deutlich wird, dass der Papst sogar die Macht des Königs übertrumpfen will.
3. Stelle Vermutungen darüber an, wie der König auf die Leitsätze reagieren könnte.

Papst oder König – Wer hat die Macht im Reich?

Q1

Da König Heinrich IV. sich dem Papst nicht unterwerfen wollte, verfasste dieser im Jahre 1076 ein Schreiben, welches unter dem Namen „descende, descende" (Steige herab!) Berühmtheit erlangte:

Heinrich, nicht durch Anmaßung, sondern durch Gottes gerechte Anordnung König, an Hildebrand, nicht mehr Papst, sondern falscher Mönch. [...] Du scheutest dich nicht nur nicht, die Lenker der heiligen Kirche, nämlich Erzbischöfe, Bischöfe und Priester, die doch Gesalbte des Herrn sind, anzutasten, nein, wie Knechte, die nicht wissen, was ihr Herr tut, zertratest du sie unter deinen Füßen und gewannst dir dabei die Zustimmung aus dem Munde des Pöbels. [...] Aber du hast unsere Demut für Furcht gehalten und dich daher nicht gescheut, dich sogar gegen die uns von Gott verliehene königliche Gewalt zu erheben; du hast zu drohen gewagt, du würdest sie uns nehmen, als ob in deiner und nicht in Gottes Hand Königs- und Kaiserherrschaft lägen. [...] So steige du denn, der du durch diesen Fluch und das Urteil aller unserer Bischöfe und unser eigenes verdammt bist, herab, verlasse den apostolischen Stuhl, den du dir angemaßt hast. [...] Ich, Heinrich, durch die Gnade Gottes König, sage dir zusammen mit allen meinen Bischöfen: Steige herab, steige herab!

Brief König Heinrichs IV. an Papst Gregor VII. (Hoftag zu Worms am 24. Januar 1076); online: https://de.wikipedia.org/wiki/Hoftag_zu_Worms_(1076) [01.09.2016]

Q2

Papst Gregor VII. machte daraufhin seine Drohung wahr und sprach den Kirchenbann – in Form eines Gebetes an den Apostel Petrus – über den König aus:

[...] Und es ist mir durch deine Gnade von Gott die Macht gegeben zu binden und zu lösen im Himmel und auf Erden. Hierauf fest vertrauend untersage ich, [...] dem Sohne des Kaisers Heinrich, der sich gegen deine Kirche in unerhörtem Stolze erhoben hat, die Herrschaft über das ganze Reich der Deutschen und über Italien, und ich löse alle Christen von den Banden des Eides, den sie ihm geschworen haben oder noch schwören werden, und ich verbiete, dass ihm jemand wie seinem König dient. [...] Denn mit Gebannten hat er verkehrt, meine Ermahnungen, die ich ihm, wofür du mein Zeuge bist, um seines Seelenheiles willen gesandt habe, hat er in den Wind geschlagen, und er hat sich von deiner Kirche getrennt, weil er sie zu spalten versucht hat, schlage ich ihm an deiner statt mit dem Bande des Anathems[1].

Antwort von Papst Gregor VII. an König Heinrich IV. (Fastensynode in Rom 1076); online: https://de.wikipedia.org/wiki/Investiturstreit [01.09.2016]

Zu Q1:

1. Arbeite genau die Vorwürfe heraus, welche der König an den Papst richtet.
2. Erläutere, wozu der König den Papst auffordert.

Zu Q2:

1. Arbeite genau heraus, welches Fehlverhalten der Papst dem König vorwirft.
2. Erläutere, mit welchen Konsequenzen der König nun rechnen muss.

Zu Q1 und Q2:

1. Überlege dir mögliche Lösungswege, die den Investiturstreit beilegen könnten.

[1] Anathema; auch Kirchenbann: Ausschluss aus der kirchlichen Gemeinschaft

Papst oder König – Wer hat die Macht im Reich?

➡ Zu AB 4 a

1. Erkläre in eigenen Worten, inwiefern die Leitsätze sich gegen die Machtansprüche des Königs richten.
   Individuelle Schülerlösung, in welcher deutlich werden sollte, wie sehr die Leitsätze den Machtansprüchen des Königs entgegenstehen.

2. Entscheide dich für drei Leitsätze und erkläre, inwiefern in diesen deutlich wird, dass der Papst sogar die Macht des Königs übertrumpfen will.
   Insbesondere bietet sich hier der Verweis auf die Leitsätze 8, 9 und 12 an, da in diesen deutlich wird, dass der Papst über dem König steht. Eventuell kann die Antwort abweichen, falls die Lernenden stichhaltige Begründungen anführen.

3. Stelle Vermutungen darüber an, wie der König auf die Leitsätze reagieren könnte.
   Individuelle Schülerlösung.

➡ Zu AB 4 b

Zu Q1:

1. Arbeite genau die Vorwürfe heraus, welche der König an den Papst richtet.
   Er bezeichnet den Papst als falschen Mönchen, welcher (vom König) gesalbte Lenker der Kirche antastet und unter der Zustimmung des Volkes „zertritt“. Zudem habe er den König falsch eingeschätzt (Furcht mit Demut verwechselt) und sich gegen die von Gott verliehene Gewalt erhoben bzw. gedroht, ihm diese zu nehmen und damit die Legitimation von Gott auf sich selbst zu übertragen versucht.

2. Erläutere, wozu der König den Papst auffordert.
   Er fordert den Papst auf, den apostolischen Stuhl zu verlassen, daher auf sein Amt zu verzichten. Indirekt würde dadurch der Papst die Investitur durch den König und dessen Machtanspruch über die Kirche anerkennen.

Zu Q2:

1. Arbeite genau heraus, welches Fehlverhalten der Papst dem König vorwirft.
   Er wirft ihm vor, sich mit „unerhörtem Stolze“ gegen die Kirche erhoben zu haben, die Ermahnungen „in den Wind“ geschlagen zu haben, mit bereits Gebannten verkehrt und sich von der Kirche getrennt zu haben, da er sie durch sein Verhalten zu spalten versucht habe.

2. Erläutere, mit welchen Konsequenzen der König nun rechnen muss.
   Er muss damit rechnen, dass sich seine Untertanen von ihm lossagen, da der Eid nun keine Bedeutung mehr hat. Zudem könnte er nicht mehr als rechtmäßiger König angesehen werden und sein Amt verlieren. Der Ausschluss aus der Kirchengemeinschaft gefährdet zudem sein persönliches Seelenheil.

Zu Q1 und Q2:

1. Überlege dir mögliche Lösungswege, die den Investiturstreit beilegen könnten.
   Individuelle Schülerlösung, welche u. a. einen Kompromiss thematisieren könnte.

Das Reisekönigtum – viel Aufwand für nichts?

Das Reisekönigtum war im Mittelalter die übliche Form der Herrschaftsausübung. Könige und Kaiser regierten nicht von einem festen Herrschaftssitz oder von einer Hauptstadt aus, sondern reisten von Stützpunkt zu Stützpunkt, den sogenannten Pfalzen. Historiker rekonstruierten anhand von Urkunden folgende Reisestationen von Kaiser Heinrich VI. und seinem Gefolge zwischen dem 28. Januar und dem 20. Dezember 1193:

Regensburg – Würzburg – Speyer – Hagenau – Straßburg – Hagenau – Boppard – Mosbach (Neckar-Odenwald-Kreis) – Würzburg – Gelnhausen – Koblenz – Worms – Kaiserslautern – Worms – Haßloch – Straßburg – Kaiserslautern – Würzburg – Sinzig – Aachen – Kaiserswerth – Gelnhausen – Frankfurt am Main – Gelnhausen

Caspar Ehlers: Pfalzenforschung Heute. Eine Einführung in das Repertorium der deutschen Königspfalzen, in: Ehlers (Hrsg.): Orte der Herrschaft. Mittelalterliche Königspfalzen, Vandenhoeck & Ruprecht 2002, S. 25 – 53, S.33.

1. Trage in die Karte die Reiseroute (Fachbegriff: Itinear) von Heinrich VI. ein. Sind in der Karte alle Pfalzen verzeichnet? Versuche zudem die Länge der Strecke möglichst genau zu schätzen.
2. Das Reisekönigtum war die vorherrschende Form der Herrschaftsausübung im Mittelalter. Erläutere Vor- und Nachteile dieses Prinzips.
3. Heutzutage reisen Politiker um die ganze Welt. Nenne Gemeinsamkeiten und Unterschiede mit der mittelalterlichen Reisetätigkeit des Königs. Diskutiere abschließend, ob dir diese Reisetätigkeit in der heutigen, mit modernen Kommunikationsmitteln ausgestatteten Zeit, noch sinnvoll erscheint.

Das Reisekönigtum – viel Aufwand für nichts?

1. Trage in die Karte die Reiseroute (Fachbegriff: Itinear) von Heinrich VI. ein. Sind in der Karte alle Pfalzen verzeichnet? Versuche zudem die Länge der Strecke möglichst genau zu schätzen.
   Mithilfe eines Routenplaners wurde, auf heutigen Straßen, eine ungefähre Streckenlänge von 3000 km errechnet. Geht man von einer durchschnittlichen Strecke von 30 km pro Tag aus, welche der König mit seinem Gefolge zurücklegen konnte, war er etwas weniger als ein Drittel des Jahres auf Reisen.

2. Das Reisekönigtum war die vorherrschende Form der Herrschaftsausübung im Mittelalter. Erläutere Vor- und Nachteile dieses Prinzips.

Vorteile	Nachteile
• Besserer Überblick über das Reich • Kontakt zu den Untergebenen • Kontrolle über lokale Fürsten • Unmittelbare Herrschaftsausübung über persönliche Beziehungen • Kann sich ein Bild über die Zustände vor Ort machen • Die Versorgungsgüter konnten dezentral beschafft werden • [...]	• Hoher organisatorischer Aufwand • Kostenintensiv • Vorausplanungen nötig • Belastung der gastgebenden Bevölkerung • Anstrengende und gefährliche Reisen durch fehlende Infrastruktur • Kein Komfort • Keine permanente Kontrolle • Nur schwerpunktmäßige Herrschaft • [...]

3. Heutzutage reisen Politiker um die ganze Welt. Nenne Gemeinsamkeiten und Unterschiede mit der mittelalterlichen Reisetätigkeit des Königs. Diskutiere abschließend, ob dir die Reisetätigkeit in der heutigen, mit modernen Kommunikationsmitteln ausgestatteten Zeit noch sinnvoll erscheint.
   Individuelle Schülerlösung, ein begründetes Statement wird verlangt. Es bietet sich dabei an, den wichtigen persönlichen Kontakt mit den für die Reisetätigkeit notwendigen Ressourcen (Zeit, Geld etc.) abzuwägen.

Teste dein Wissen

Herrschaftsstrukturen im Mittelalter

D	H	D	F	I	O	P	L	D	E	B	C	P	N	S	B	I	J
P	Y	K	T	V	J	B	M	I	O	H	T	Z	N	Y	R	P	H
A	Q	A	T	A	X	A	H	C	F	D	D	B	X	C	E	D	I
P	L	I	F	S	D	C	C	A	B	F	K	I	C	V	I	K	T
S	U	S	J	A	F	A	K	T	B	I	B	E	P	Z	S	R	I
T	F	E	Y	L	Y	N	M	U	G	N	X	U	B	W	E	R	N
S	I	R	W	L	L	O	Q	S	E	V	O	W	I	X	K	K	E
K	G	V	H	W	W	S	D	P	B	E	L	J	S	O	Ö	F	A
I	O	G	B	Z	C	S	G	A	S	S	C	J	C	G	N	M	R
R	V	E	A	J	U	A	M	P	T	T	O	L	H	V	I	T	L
C	B	X	R	U	M	P	W	A	M	I	H	P	O	E	G	R	I
H	R	F	B	D	L	T	P	E	A	T	D	M	F	Q	T	M	P
E	B	M	A	R	K	O	O	M	W	U	F	D	P	V	U	U	F
N	E	Z	R	V	C	M	O	A	R	R	K	X	S	O	M	K	A
B	Y	H	O	C	T	E	S	Q	X	V	V	C	F	E	O	F	L
A	T	N	S	C	H	K	U	R	F	Ü	R	S	T	E	N	R	Z
N	F	I	S	L	I	H	J	Z	I	T	I	S	B	M	W	G	P
N	X	U	A	R	Z	C	L	E	H	N	S	W	E	S	E	N	W

Diese Wörter sind versteckt:

① Reisekönigtum
② Dicatus Papae
③ Kirchenbann
④ Kurfürsten
⑤ Lehenswesen
⑥ Investitur
⑦ Barbarossa
⑧ Bischof
⑨ Canossa
⑩ itinear
⑪ Kaiser
⑫ Vasall
⑬ Pfalz
⑭ Papst

Teste dein Wissen

Lösung für „Herrschaftsstrukturen im Mittelalter“

D	H	D	F	I	O	P	L	D	E	B	C	P	N	S	B	I	J
P	Y	K	T	V	J	B	M	I	O	H	T	Z	N	Y	R	P	H
A	Q	A	T	A	X	A	H	C	F	D	D	B	X	C	E	D	I
P	L	I	F	S	D	C	C	A	B	F	K	I	C	V	I	K	T
S	U	S	J	A	F	A	K	T	B	I	B	E	P	Z	S	R	I
T	F	E	Y	L	Y	N	M	U	G	N	X	U	B	W	E	R	N
S	I	R	W	L	L	O	Q	S	E	V	O	W	I	X	K	K	E
K	G	V	H	W	W	S	D	P	B	E	L	J	S	O	Ö	F	A
I	O	G	B	Z	C	S	G	A	S	S	C	J	C	G	N	M	R
R	V	E	A	J	U	A	M	P	T	T	O	L	H	V	I	T	L
C	B	X	R	U	M	P	W	A	M	I	H	P	O	E	G	R	I
H	R	F	B	D	L	T	P	E	A	T	D	M	F	Q	T	M	P
E	B	M	A	R	K	O	O	M	W	U	F	D	P	V	U	U	F
N	E	Z	R	V	C	M	O	A	R	R	K	X	S	O	M	K	A
B	Y	H	O	C	T	E	S	Q	X	V	V	C	F	E	O	F	L
A	T	N	S	C	H	K	U	R	F	Ü	R	S	T	E	N	R	Z
N	F	I	S	L	I	H	J	Z	I	T	I	S	B	M	W	G	P
N	X	U	A	R	Z	C	L	E	H	N	S	W	E	S	E	N	W

Diese Wörter sind versteckt:

① Reisekönigtum
② Dicatus Papae
③ Kirchenbann
④ Kurfürsten
⑤ Lehenswesen
⑥ Investitur
⑦ Barbarossa
⑧ Bischof
⑨ Canossa
⑩ itinear
⑪ Kaiser
⑫ Vasall
⑬ Pfalz
⑭ Papst

Baustein 3

Die Kreuzzüge

Überblick

In diesem Baustein finden Sie Arbeitsblätter zu den mittelalterlichen Kreuzzügen, eine der ersten gemeinschaftlich europäischen Unternehmungen:

Arbeitsblatt 1 S. 43

- Unter der Fragestellung **Jerusalem – eine tolle Stadt zum Leben?** (**AB 1**) wird die Bevölkerung der Stadt analysiert und mögliche daraus resultierende Chancen und Konflikte diskutiert.

Arbeitsblatt 2 a/b S. 45 + 46

- Mithilfe der Arbeitsblätter **AB 2a/b** wird unter der Fragestellung **Jerusalem – eine heilige Stadt für drei Religionen?** die besondere Bedeutung der Stadt für die drei Weltreligionen thematisiert. Das **AB 2c** dient als Überblick über die wichtigsten historischen Stätten Jerusalems und kann als Grundlage für eine vertiefende Beschäftigung bzw. ein Projekt dienen.

Arbeitsblatt 3 S. 50

- Das **AB 3 Aufruf zum Kreuzzug – heute wie damals, ein gottgewollter Krieg?** stellt durch einen Vergleich der Rede Papst Urbans II. aus dem Jahre 1095 mit Ausschnitten aus Reden des ehemaligen US-Präsidenten George W. Bush einen Gegenwartsbezug her.

Arbeitsblatt 4 S.52

- Das **AB 4** regt unter der Leitfrage **Die Kreuzzüge des Mittelalters – vergeben und vergessen?** zur Beschäftigung mit der Forderung nach einer Entschuldigung durch die Kirche an.

Sachanalyse

Religiös motivierte Kriege

Die Kreuzzüge bezeichnen die Kriege zwischen dem 11. und 13. Jahrhundert n. Chr. gegen die muslimischen Staaten des Nahen Ostens. Auslöser der Kreuzzüge war die Eroberung des heiligen Landes samt Jerusalem durch muslimische Krieger. Der damalige byzantinische Kaiser bat die katholische Welt um Hilfe gegen die Eindringlinge. Papst Urban II. sah darin die Gelegenheit, zum einen die Kirche und zum anderen Fehden und Landnot in Europa zu beenden, indem man durch Eroberungszüge neues Land erlangen könnte. Aus diesem Grund rief er 1096 auf der Synode von Clermont in seiner berühmten Ansprache zum Kreuzzug auf und versprach den Teilnehmern den Sündenerlass. Diese sammelten sich teilweise über Ländergrenzen hinweg. Jerusalem war dabei das Ziel der Kreuzritter, denn es galt, die Heilige Stadt zu „befreien“ und der Christenheit zu übergeben. Der erste Kreuzzug endete mit der Eroberung Jerusalems und der Errichtung der sogenannten Kreuzfahrerstaaten, die sich ca. 100 Jahre halten konnten. 1187 wurde Jerusalem schließlich von den Muslimen zurückerobert.

Aufruf zum Kreuzzug

Jerusalem

Jerusalem war und ist eine besondere Stadt; internationale Konfliktlagen wie der Nahostkonflikt und vergangene Kriege wie die mittelalterlichen Kreuzzüge sind ohne Hintergrundwissen über diese nicht zu verstehen. So berührt die Beschäftigung mit der Stadt neben dem Geschichts- auch den Politik-, Religions- und Kunstunterricht und ist auf jeden Fall lohnend. In Jerusalem leben heute (Stand 2015) ca. 850 000 Menschen. Das international nicht als Hauptstadt Israels anerkannte Jerusalem wird hingegen von den Palästinensern als Hauptstadt eines angestrebten Palästinenser-Staates angesehen. Die Stadt ist in einen Westteil, der seit 1948 zu Israel gehört und einen Ostteil gespalten, der 1967 von Israel erobert und 1980 annektiert wurde. Ost- und Westjerusalem unterscheiden sich dadurch

u. a. hinsichtlich ihrer jeweiligen Bevölkerung, nähere Informationen sind dem Schülerarbeitsblatt zu entnehmen. Die ostjerusalemer Altstadt ist UNESCO-Weltkulturerbe. Sie ist von einer Mauer umgeben und unterteilt sich in vier religiös unterschiedliche Viertel, die auch heute noch eindeutig zu unterscheiden sind: Das muslimische, christliche, jüdische und armenische Viertel. Zudem gilt Jerusalem allen drei monotheistischen Weltreligionen als eine heilige Stadt und ist jeweils von einer besonderen Bedeutung für deren Anhänger. So finden sich besonders viele bedeutende religiöse Heiligtümer in Jerusalem, was leider auch enormes Konfliktpotential mit sich bringt, da die jeweils anderen Religionen in unmittelbarer Nähe lokalisiert werden können. So ist die Stadt bis in die heutige Zeit umkämpft.

Religiös bestimmte Stadtteile

Die Schuldfrage in Bezug auf vergangene Kriege reicht bis in die heutige Zeit hinein. Das enorme Unrecht, welches vor allem die muslimischen Länder durch die Kreuzzüge des Mittelalters erfahren mussten, nahm im Jahre 2000 der Zentralrat der Muslime in Deutschland e. V. zum Anlass, eine Entschuldigung durch den damaligen Papst Johannes Paul II. zu fordern, ähnlich dem von ihm ausgesprochenen „Mea Culpa“ aus dem gleichen Jahr, welches an Gott gerichtet war und hauptsächlich das begangene Unrecht an dem jüdischen Volk thematisierte. Darüber hinaus wird in jüngster Zeit auch immer wieder die Ansprache des ehemaligen US Präsidenten George W. Bush sowie die Rolle der USA als Weltpolizei kontrovers diskutiert.

Schuldfrage

Methodisch-didaktische Analyse

Mithilfe des **AB 1** sollen die Schülerinnen und Schüler für die Stadt Jerusalem, deren Bevölkerung und daraus resultierende mögliche Vorteile und Gefahren hinsichtlich des Lebens in Jerusalem sensibilisiert werden. Zudem werden die Lernenden in der Verwendung von Diagrammen geschult, mit deren Hilfe Zahlen anschaulich dargestellt werden können. Für die Aufgabe 1 kann es, je nach Vorbildung der Klasse, notwendig sein, Hilfen zum Arbeitsauftrag zu geben. Auf der x-Achse, der waagerechten Koordinatenachse, sind vier Balken einzuzeichnen, die mit der jeweiligen Religionszugehörigkeit zu beschriften sind. Die Höhe der Balken ergibt sich aus den angegebenen Zahlenwerten. Die y-Achse, die senkrechte Koordinatenachse, wird mit Zahlenwerten beschriftet (es bietet sich an, im Heft ein Kästchen für 10 000 Einwohner zu definieren). Abschließend wird in der Klasse gemeinschaftlich die Leitfrage **Jerusalem – eine tolle Stadt zum Leben?** diskutiert.

AB 1
Leitfrage

Das **AB 2a** liefert den Lernenden – didaktisch sehr reduziert – die notwendigen Hintergrundinformationen über die Bedeutung Jerusalems für die drei Weltreligionen. Durch das Zusammenfassen der Informationen in die Tabelle (**AB 2b**) wird das Faktenwissen für die Schülerinnen und Schüler gesichert. Zudem soll darüber nachgedacht werden, warum es in Jerusalem immer wieder zu Konflikten zwischen den drei Religionen kommt. An dieser Stelle bietet sich die Beantwortung der Stundenfrage **Jerusalem – eine heilige Stadt für drei Religionen?** an. Das Formulieren möglicher Lösungsvorschläge rundet die Thematik ab. Falls genug Zeit und ein Online-Zugang zur Verfügung steht, kann mithilfe des **AB 2c Jerusalem – eine Reise wert?** eine Internetrecherche über die Altstadt Jerusalems und ihre Heiligtümer bzw. die wichtigsten historischen Stätten durchgeführt werden. Es obliegt der Lehrkraft, auf welche Art und Weise die mit Nummern versehenen „Sehenswürdigkeiten“ aufgeteilt und Ergebnisse später präsentiert werden. Es bietet sich auch an, in einer Projektarbeit mit anderen Fächern einen Reiseführer zu erstellen.

AB 2a
AB 2b
Leitfrage
AB 2c
Leitfrage

Das Arbeitsblatt **3a** ist für eine Schulstunde ausgelegt. Die Schülerinnen und Schüler sollen die Arbeitsaufträge in Einzelarbeit bearbeiten, die Ergebnisse können dann im Plenum besprochen werden. Besonderes Hauptaugenmerk liegt hierbei auf der Stundenfrage: **Heute wie damals – ein gottgewollter Krieg?** Um diese beantworten zu können, ist es

AB 3a
Leitfrage

wichtig erst einmal zu erörtern, weshalb der Papst zum Kreuzzug aufgerufen hat. Bei der Beantwortung der ersten Frage verstehen die Lernenden, dass dabei auch pragmatische Gründe eine Rolle spielten. Auch im Vergleich mit heute wird deutlich, dass der Gottesbezug zur Rechtfertigung der eigenen Aggression Verwendung findet. Ob das gottgewollt ist, müssen die Lernenden selbst begründen können. Die dritte Aufgabenstellung schärft den Blick dafür, dass pauschale und aus dem Kontext gerissene Begriffe aus der Vergangenheit, ohne deren wirkliche Bedeutung zu beachten, politisch höchst problematisch werden können. Hieran wird der Sinn und Zweck eines historischen Allgemeinwissens für die Schülerinnen und Schüler deutlich.

AB 3b

Die Frage, inwieweit eine Schuldzuweisung bzw. eine Entschuldigung in Bezug auf ein weit zurückliegendes vergangenes Unrecht sinnvoll und notwendig ist, bildet den Schwerpunkt des **AB 3b**. Allerdings ist weniger das Ergebnis, als der Weg dorthin von besonderer Bedeutung. Daher ist zuerst die Forderung von Dr. Nadeem Elyas nach einer Entschuldigung zu bestimmen. Bevor nun entweder Pro- oder Kontraargumente dazu gesammelt werden, kann die Lehrkraft eine Abstimmung zur Frage durchführen. Auch bietet es sich an, die Schülerinnen und Schüler aufstehen und sich in einen vorab definierten Bereich des Klassenzimmers stellen zu lassen. Dadurch wird das Abstimmungsergebnis für alle greifbar. Im Idealfall können die Lernenden nun die Argumente entsprechend ihrem Abstimmungsverhalten erarbeiten, eventuell muss, falls die große Mehrheit nur einer Meinung zugeneigt ist, die Aufgabenstellung auch anders verteilt werden. Während der späteren Besprechung der Argumente sollte der Lehrer an der Tafel mitschreiben. Je nachdem, wie geübt die Klasse ist, wird es besser oder schlechter gelingen, auf die Argumente der Gegenseite einzugehen. Auf jeden Fall ist abschließend, um einen Perspektivenwechsel zu ermöglichen, ein Argument der jeweiligen Gegenseite zu bestimmen, welches man für gelungen hält. Anschließend obliegt es der Lehrkraft, eine weitere Abstimmung durchzuführen, um zu ermitteln, ob die Meinungen der Schülerinnen und Schüler sich verändert haben. Ob dies zugegeben wird, ist natürlich eine andere Frage. Die abschließende Aufgabe / Hausaufgabe vertieft das Erarbeitete. Nun bietet es sich auch an, die Leitfrage **Die Kreuzzüge des Mittelalters – vergeben und vergessen?** mit der Klasse zu besprechen.

Hausaufgabe
Leitfrage

Spielanleitung

Spielanleitung für das Rätsel:

Drei Schülerinnen und Schüler wählen sich einen Startpunkt. Je nachdem welche Figur man gewählt hat, muss man der jeweiligen Route folgen. Jedes Feld stellt eine Frage dar, die man beantworten muss, wenn man weiterziehen möchte. Ab den grünen Feldern werden die grünen Fragen gestellt. Beantwortet man die Frage falsch, dann muss man stehen bleiben und die richtige Antwort recherchieren. Wer zuerst in Jerusalem angekommen ist, hat gewonnen.

Jerusalem – eine tolle Stadt zum Leben?

M 1 Die Bevölkerung Jerusalems nach der Zugehörigkeit ihrer Religion

Einwohner in Ostjerusalem 2013 (insgesamt: 509 440)
Juden 197 250
Muslime 293 950
Arabische und nicht-arabische Christen 13 050
Ohne oder andere Religionszugehörigkeit 5 130
Einwohner in Westjerusalem 2013 (insgesamt: 320 420)
Juden 312 360
Muslime 1 590
Arabische und nicht-arabische Christen 1 950
Ohne oder andere Religionszugehörigkeit 4 510

Datenerhebung: Statistical Yearbook, Jerusalem Institute for Policy Research

M 2 Die Viertel der Jerusalemer Altstadt (in Ostjerusalem)

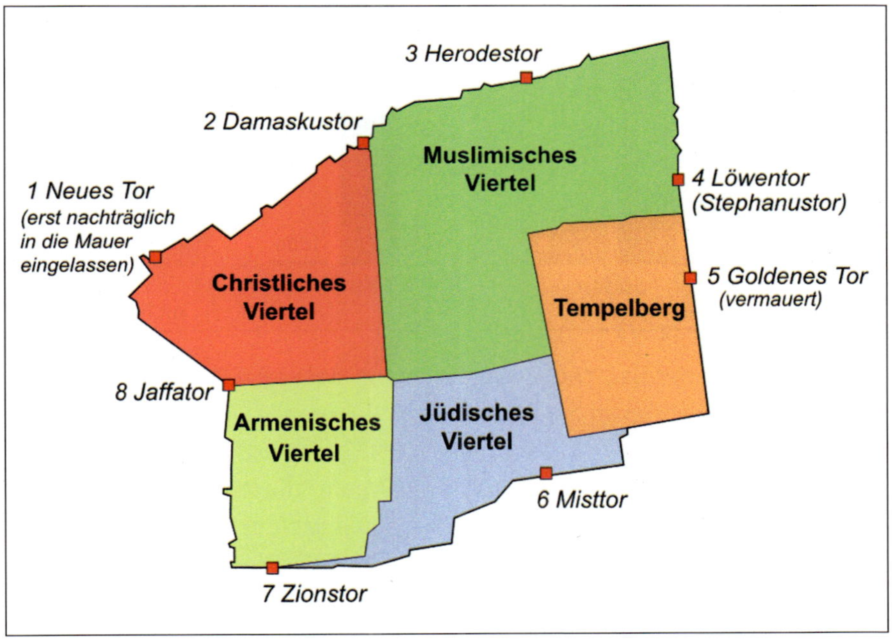

Anmerkung: Tempelberg = Hügel im Südosten der Jerusalemer Altstadt

1. Partnerarbeit: Partner A zeichnet ein Säulendiagramm von Ostjerusalem, Partner B zeichnet ein Säulendiagramm von Westjerusalem. Vergleicht eure Diagramme und notiert, was ihr über die Bevölkerung Jerusalems aussagen könnt.
2. Beschreibt den Aufbau der Jerusalemer Altstadt.
3. Notiert euch Gründe dafür a) warum das Leben in Jerusalem besonders reizvoll sein könnte und b) welche Schwierigkeiten und Probleme vorherrschen könnten. Begründet, ob ihr gerne in Jerusalem leben würdet.

Jerusalem – eine tolle Stadt zum Leben?

1. Partnerarbeit: Partner A zeichnet ein Säulendiagramm von Ostjerusalem, Partner B zeichnet ein Säulendiagramm von Westjerusalem. Vergleicht eure Diagramme und notiert, was ihr über die Bevölkerung Jerusalems aussagen könnt.

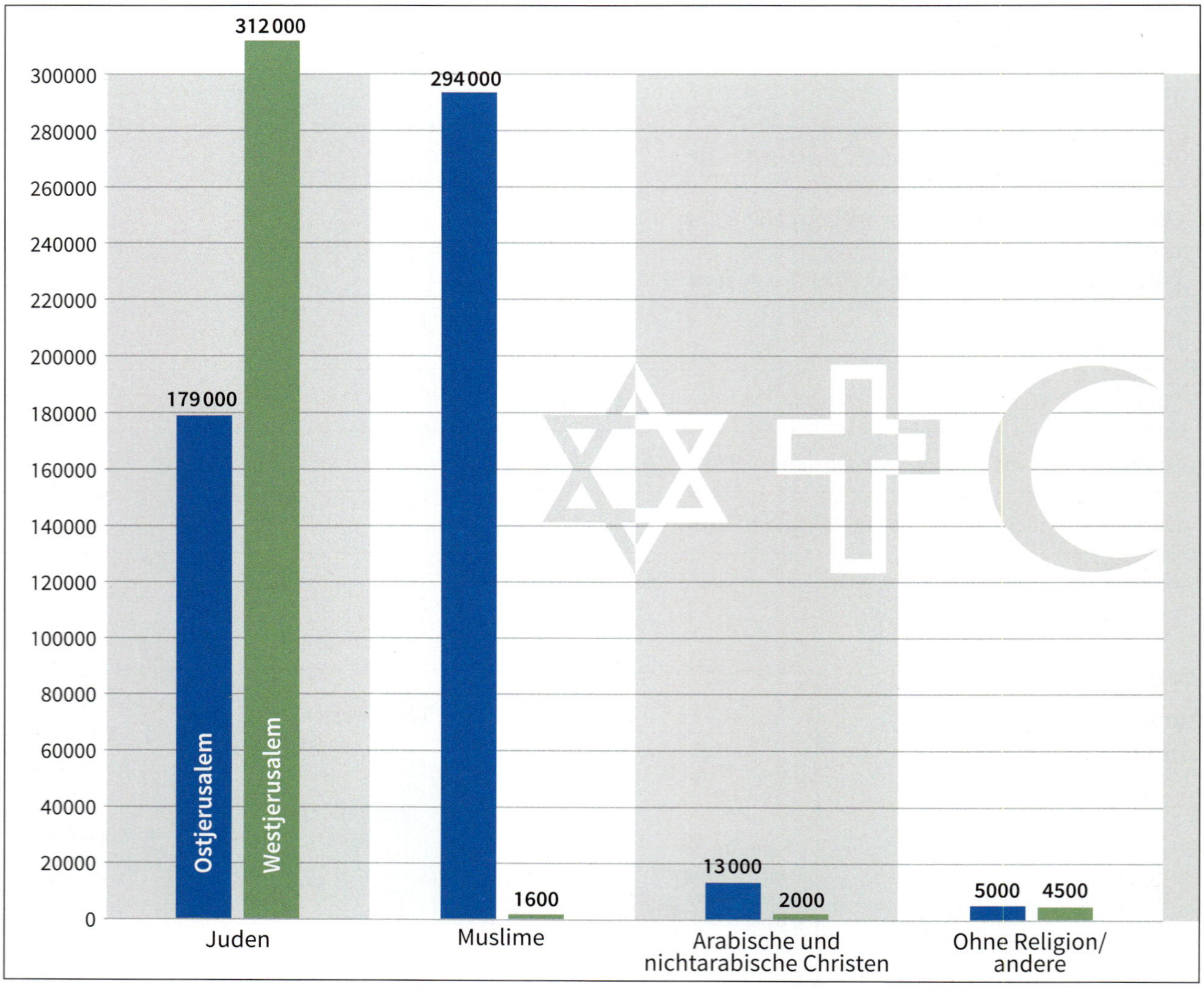

Der Vergleich der Säulendiagramme ergibt, dass sich Ostjerusalem und Westjerusalem hinsichtlich der Religionszugehörigkeit der Bevölkerung klar unterscheiden. Während in Ostjerusalem die Muslime die größte Bevölkerungsgruppe stellen (293 950), ist ihre Zahl in Westjerusalem (1 590) noch geringer als die Anzahl der dortigen Christen (1 950). In Westjerusalem dagegen dominiert die jüdische Bevölkerung (312 360). In Ostjerusalem finden wir eine beträchtliche Anzahl von Juden vor (197 250), zudem sind vergleichsweise viele Christen ansässig (13 050). Die Anzahl der Menschen mit einer anderen oder ohne Religionszugehörigkeit ist in etwa gleich (Ost 5 130 und West 4 510).

2. Beschreibt den Aufbau der Jerusalemer Altstadt.
Die Jerusalemer Altstadt teilt sich in vier zu unterscheidende Viertel auf (christlich, muslimisch, armenisch, jüdisch). Zudem befindet sich der Tempelberg in der Jerusalemer Altstadt.

3. Notiert euch Gründe dafür a) warum das Leben in Jerusalem besonders reizvoll sein könnte und b) welche Schwierigkeiten und Probleme vorherrschen könnten. Begründet, ob ihr gerne in Jerusalem leben würdet.
Individuelle Antworten; die Lernenden können die kulturelle Bereicherung einerseits sowie die Gefahren und Probleme durch religiöse und ethnische Konflikte andererseits hervorheben.
Im zweiten Teil der Antwort ziehen die Schülerinnen und Schüler ein kurzes Fazit und können eventuell vorhandenes Vorwissen einbringen.

Jerusalem – eine heilige Stadt für drei Religionen?

Jerusalem wurde ungefähr 3000 v. Chr. gegründet und ist damit ca. 5 000 Jahre alt. Die besondere Rolle Jerusalems wird bereits in der Tatsache deutlich, dass die Stadt sowohl von Israel als auch von Palästina als Hauptstadt beansprucht wird. Westjerusalem wird hauptsächlich von Juden bewohnt und meint die seit 1948 zu Israel gehörende Hauptstadt, während Ostjerusalem von einer muslimischen Mehrheit bewohnt wird und im Sechstagekrieg im Jahre 1967 von Israel erobert und 1980 angegliedert wurde. In Palästina möchte man dies allerdings nicht hinnehmen.

Neben diesen politischen Herausforderungen erhält Jerusalem seine Geltung vor allem darin, dass es bedeutende religiöse Heiligtümer des Judentums, des Christentums und des Islams in den Vierteln der Altstadt von Ostjerusalem beherbergt. Der Tempelberg ist hierbei von besonderer Bedeutung, da sowohl Juden, Christen als auch Muslime viele bedeutende religiöse Ereignisse mit dem Hügel im Südostteil der Jerusalemer Altstadt verbinden.

Die Bedeutung Jerusalems für die Juden

Für die Juden ist die sogenannte Klagemauer das wichtigste Heiligtum auf der Welt, da sie die Überreste des ersten heiligen Tempels unter König Salomon (Sohn König Davids) und des zweiten heiligen Tempels verkörpert. Der Tempel wurde genau an der Stelle errichtet, an der Abraham eine Prüfung Gottes bestanden hatte: Er wäre bereit gewesen, seinen eigenen Sohn Isaak für Gott zu opfern. An diesem Ort kommt für die Juden Gott zu den Gläubigen. Aus dieser Vorstellung resultiert auch das Ritual, kleine Zettel mit Gebeten u. ä. in die Ritzen der Mauer als direkte Kommunikation mit Gott zu stecken. Zudem soll hier Adam erschaffen worden sein.

Die Bedeutung Jerusalems für die Christen

Für die Christen ist Jerusalem von besonderer Bedeutung, da hier nach dem neuen Testament Jesus Christus Lebens- und Leidensgeschichte stattgefunden hat. Unter anderem vollführte Jesus hier das letzte Abendmahl, er wurde hier zum Tode verurteilt und auf einem Hügel namens Golgota gekreuzigt. Die Grabeskirche stellt das bedeutendste christliche Heiligtum dar, sie soll an der Stelle erbaut worden sein, an welcher Jesus gekreuzigt wurde. Das Grab von Jesu, in welchem er drei Tage bis zu seiner Auferstehung lag, ist heute eine bedeutende Pilgerstätte.

Die Bedeutung Jerusalems für die Muslime

Der Felsendom stellt eines der wichtigsten Heiligtümer des Islam dar. Der Prophet Mohammed soll von dieser Stelle aus auf seinem Pferd Burak, in Begleitung des Erzengels Gabriel, in den Himmel zu Allah aufgestiegen sein. So befinden sich im Felsendom der Hufabdruck des Pferdes und Barthaare des Propheten. Im Himmel erhielt Mohammed den Auftrag, fünf tägliche Pflichtgebete auszuführen. Darauf gehen die täglichen fünf Gebete der Muslime zurück. Die al-Aqsa-Moschee, ebenfalls auf dem Tempelberg, gilt als drittwichtigste Moschee neben der al-Haram-Moschee in Mekka (Kaaba als zentrales Heiligtum) und der Prophetenmoschee in Medina mit dem Grab von Mohammed.

(Autorentext)

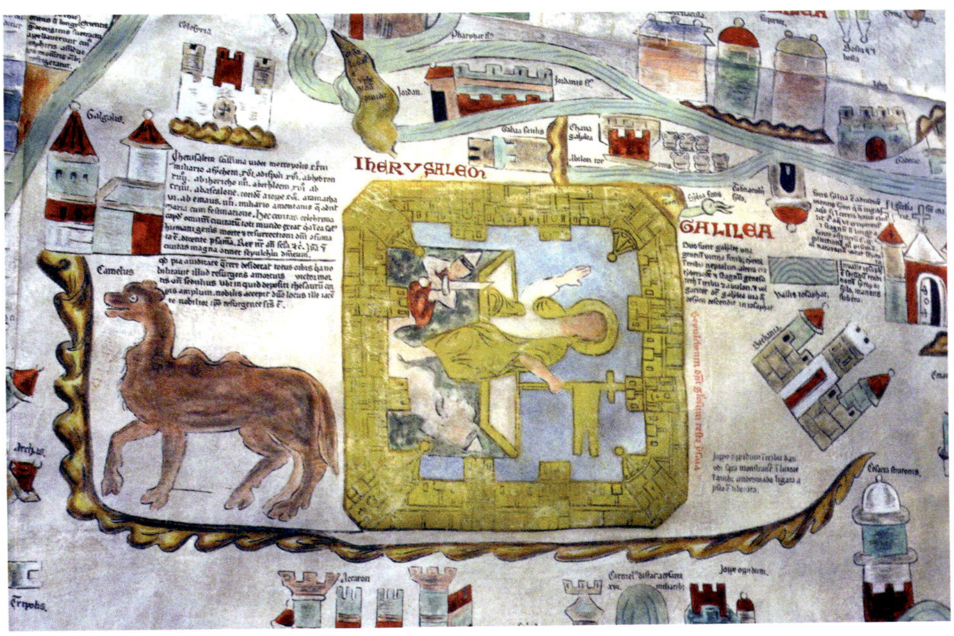

Ausschnitt aus der Ebstorfer Weltkarte mit Jerusalem als Zentrum, vermutlich um 1300.

Jerusalem – eine heilige Stadt für drei Religionen?

Juden	Christen	Muslime

Die Klagemauer	**Die Grabeskirche**	**Der Felsendom**
Die Bedeutung Jerusalems für die Juden	Die Bedeutung Jerusalems für die Christen	Die Bedeutung Jerusalems für die Muslime

1. Fasse die Bedeutung Jerusalems für die jeweiligen Religionen in der Tabelle in eigenen Worten zusammen.
2. Überlege, warum es in der Stadt Jerusalem immer wieder zu Konflikten zwischen Anhängern der drei Religionen kommt.
3. Notiert euch Vorschläge, wie ein friedliches Zusammenleben der Menschen möglich gemacht werden kann.

Jerusalem – eine heilige Stadt für drei Religionen?

1. Fasse die Bedeutung Jerusalems für die jeweiligen Religionen in der Tabelle in eigenen Worten zusammen.

Juden	Christen	Muslime

Die Klagemauer	**Die Grabeskirche**	**Der Felsendom**
Die Bedeutung Jerusalems für die Juden • Die Schülerinnen und Schüler verweisen auf die Klagemauer als wichtigstes Heiligtum der Juden • Sie notieren, dass sich die Bedeutung aus der besonderen Präsenz / Kommunikationsmöglichkeit mit Gott ergibt	Die Bedeutung Jerusalems für die Christen • Die Schülerinnen und Schüler verweisen auf die Grabeskirche als Ort der Kreuzigung Jesus und seines Grabes • Sie notieren, dass sich die Bedeutung daraus ergibt, dass die Lebens- und Leidensgeschichte von Jesus in Jerusalem angelegt ist	Die Bedeutung Jerusalems für die Muslime • Die Schülerinnen und Schüler verweisen auf den Felsendom und die al-Aqsa-Moschee • Sie notieren, dass sich die Bedeutung aus der Himmelfahrt von Mohammed und der direkten Kommunikation mit Allah ergibt.

2. Überlege, warum es in der Stadt Jerusalem immer wieder zu Konflikten zwischen Anhängern der drei Religionen kommt.
Individuelle Schülerantwort. Es darf natürlich auf die räumliche Nähe der religiösen Heiligtümer und das Konkurrenzdenken bezüglich dieser Bauten eingegangen werden. Die Stadt selbst ist zu religiös „aufgeladen“, als dass ein friedliches Leben bisher möglich sein konnte.

3. Notiert euch Vorschläge, wie ein friedliches Zusammenleben der Menschen möglich gemacht werden kann.
Individuelle Schülerantwort, wobei u. a. hervorgehoben werden kann, dass eine Lösung der Konflikte nur jenseits von militärischer Gewalt möglich ist und die Kompromissbereitschaft der beteiligten Interessengruppen voraussetzt.

Jerusalem – eine Reise wert?

Jerusalem – eine Reise wert?

Die wichtigsten historischen Stätten in der Altstadt Jerusalems sind:

1	Kidrontal	Abschnitt zw. Tempelberg und Ölberg mit bedeutenden Stätten: Todesangstbasilika, Garten Getsemani, Grabmal des Abschalomdem, Tempelberg und der Oberstadt
2	Tyropoiontal	Auch Käsemachertal, befindet sich zwischen dem Tempelberg und der Oberstadt
3	Davidstadt	Ältester Teil Jerusalems, bedeutende Ausgrabungsstelle des biblischen Jerusalem
4	Gihonquelle	Ganzjahresquelle, findet in der Bibel Erwähnung
5	Teich Schiloach	Teich, in welchen das Wasser der Gihonquelle geleitet wurde, Wasserversorgung Israels, Ort der Salbung Salomo zu König über Israel
6	Ölberg	Erhebung östlich der Jerusalemer Altstadt, religiöse Bedeutung für alle drei Weltreligionen
7	Getsemani	Hier betete Jesus in der Nacht vor seiner Kreuzigung, ehe er von Judas verraten wurde
8	Mariengrab	Grabstätte von Maria, der Mutter von Jesus
9	Gräber im Kidrontal	Vier berühmte Gräber, die aus dem Fels gehauen wurden (Zacharias, Bnei Hezir, Absalom, Josaphat)
10	Westmauer	Westmauer (Klagemauer); wichtigstes jüdisches Heiligtum
11	Tempelberg	Hügel im Südostteil der Jerusalemer Altstadt
12	Felsendom	Eines der wichtigsten Heiligtümer des Islam
13	Al-Aqsa-Moschee	Drittwichtigste Moschee der Muslime
14	St. Anna und Betesdateich	Bedeutende Kirche aus dem 12. Jh., Bethseda ist eine Zisterne, der heilende Kräfte nachgesagt werden
15	Via Dolorosa	Nach der Überlieferung der Kreuzigungsweg von Jesus
16	Cardo	Ehemalige Hauptstraße aus römisch-byzantinischer Zeit
17	Grabeskirche	Kirche, die sich an der überlieferten Stelle der Kreuzigung und des Grabes Jesu befindet
18	Zitadelle	Die Davidszitadelle ist eine Festung neben dem Jaffator
19	St. Jakobus	Die St. Jakobus-Kathedrale in Jerusalem ist die Kathedrale des armenischen Patriarchen von Jerusalem
20	Hurva-Synagoge	Ist eine aschkenasische Synagoge (mittel, nord- und osteuropäische Juden) und war bis zu ihrer Zerstörung Jerusalems Hauptsynagoge
21	St. Peter in Gallicantu	Kirche auf den Resten einer byzantinischen Kirche aus dem 6. Jahrhundert

Die acht Tore der Jerusalemer Altstadt:

22	Damaskustor	Ist das größte und vielleicht schönste Tor der ummauerten Altstadt von Jerusalem und führt sowohl in das muslimische als auch in das christliche Viertel
23	Herodestor	Führt an der nordöstlichen Ecke aus dem muslimischen Viertel zu den davor liegenden arabischen Wohnvierteln Ostjerusalems
24	Stephanstor	Führt nördlich des Tempelberges von Osten in das muslimische Viertel der ummauerten Stadt
25	Goldenes Tor	Befindet sich im östlichen Teil der Stadtmauer, südlich des Löwentors. Es ist das einzige Tor in der Stadtmauer, das direkt auf den Tempelberg führt
26	Misttor	Befindet sich unmittelbar südwestlich des Tempelbergs, der Name stammt aus der Bibel
27	Zionstor	Es eröffnet von Süden den Zugang zum jüdischen Viertel der Altstadt
28	Jaffator	Es liegt an der Westseite der Altstadt unmittelbar neben der Zitadelle und führt von der Neustadt in das christliche und armenische Viertel
29	Neues Tor	Es befindet sich an der nordwestlichen Ecke des ummauerten Stadtgebiets und ist im Vergleich zu den anderen Toren eher unscheinbar

Aufruf zum Kreuzzug – heute wie damals, ein gottgewollter Krieg?

Aufruf zum Ersten Kreuzzug von Papst Urban II. im Jahre 1095

„Volk der Franken, [...] ihr seid, von Gott erwählt und geliebt [...]. Ihr sollt wissen, aus welchem traurigen Anlass wir in euer Land gekommen sind. [...] Aus Jerusalem und der Stadt Konstantinopel kam schlimme Nachricht [...]: Das Volk im Perserreich, ein fremdes Volk, ein gottfernes Volk, [...] hat die Länder der dortigen Christen überfallen, durch Mord, Raub und Brand verwüstet, die Gefangenen verschleppt oder abgeschlachtet, die Kirchen Gottes entweder völlig zerstört oder für seinen Kult beschlagnahmt. [...] Wem anders kommt die Aufgabe zu, dies alles zu rächen, das Land zu befreien, als euch? [...]

Kein Besitz, keine Sorge um die Familie soll euch zurückhalten. Denn das Land, das ihr bewohnt, ist überall von Meer und Gebirgen begrenzt und bevölkert. Es fließt nicht von Fülle und Reichtum über, es ernährt kaum den Bauern, der es bestellt. Von daher kämpft und beißt ihr euch, führt Kriege und tötet einander. Enden soll der Hass unter euch [...], ruhen soll der Krieg und beigelegt sei jeglicher Zank unter euch. Macht euch auf den Weg zum Heiligen Grab, entreißt jenes Land dem gottverdammten Volk und nehmt es in Besitz. Begebt euch also auf diesen Weg zur Vergebung eurer Sünden, unvergleichlicher Ruhm ist euch im Himmelreich gewiss. Deshalb sage ich euch: [...] **Deus lo vult! Deus lo vult!**"[1]

Christentum trifft auf Islam: Die Kreuzzüge; in: Markus Bölling / Realschule am Europakanal; online: https://edu.real-euro.de/wp-content/uploads/2016/04/Quelle_Kreuzzug.pdf [05.09.2016]

Ausschnitte aus Reden des US-Präsidenten George W. Bush nach den Anschlägen islamistischer Attentäter im Jahr 2001 auf das World Trade Center

„Wir werden einen Kreuzzug führen, um die Welt von den Übeltätern zu befreien. Dieser Kreuzzug, gegen den Terrorismus wird Zeit in Anspruch nehmen."
(Sonntag, 16. 9. – Camp David)

„Jene, die Krieg gegen die USA führen, haben ihre eigene Zerstörung gewählt."
(Samstag 15.9. – Camp David)

„Hinter der Trauer und der Erschöpfung steht der Wunsch des amerikanischen Volkes, nicht nur Rache zu üben, sondern einen Krieg gegen barbarisches Verhalten zu gewinnen."
(Samstag, 15.9. – Camp David)

„Es wird einen „monumentalen Kampf des Guten gegen das Böse geben."
(Mittwoch, 12.9. – Washington)

„Ich bin von dem Ausmaß der Zerstörung überwältigt. Hierher zukommen, macht mich ebenso traurig wie wütend."
(Mittwoch, 12.9. – Washington bei der Besichtigung des Pentagon)

„Wir werden keinen Unterschied zwischen den terroristischen Tätern und denjenigen machen, die ihnen Unterschlupf gewähren."
(Mittwoch, 12.9. – Washington)

„Die Freiheit selbst wurde heute Morgen von einem gesichtslosen Feigling angegriffen, und die Freiheit wird verteidigt werden. Die Entschlossenheit unserer großen Nation wird geprüft. Wir werden der Welt zeigen, dass wir diese Prüfung bestehen. Gott segne Amerika."
(Dienstag, 11.9. – Luftwaffenstützpunkt Barksdal)

„Wir werden einen Kreuzzug führen" Kampf gegen Terroristen wird verschärft; in: DIE WELT und N24 (WeltN24 GmbH); online: https://beta.welt.de/print-welt/article476489/Wir-werden-einen-Kreuzzug-fuehren-Kampf-gegen-Terroristen-wird-verschaerft.html [05.09.2016]

1. Liste die Begründungen für den Ersten Kreuzzug auf und beantworte die Frage: Deus lo vult?
2. Vergleiche die Rede Urbans II. mit der George W. Buschs.
3. Viele Muslime haben empört auf die Rede George W. Buschs reagiert. Diskutiere weshalb.

[1] „Ja, Gott will es!"

Aufruf zum Kreuzzug – heute wie damals, ein gottgewollter Krieg?

1. Liste die Begründungen für den Ersten Kreuzzug auf und beantworte die Frage: Deus lo vult?
Die Araber haben Jerusalem angegriffen und Gottes Kirchen vernichtet. Die christlichen Ritter sind nun in der Pflicht. Da es kein Land mehr zum Verteilen gibt, sollen sich die Ritter in der Fremde das Land von dem „gottverdammten Volk" erobern. Die Sünden würden ihnen somit erlassen.
Deus lo vult? Es geht hier eigentlich um wirtschaftliche Gründe, die eine Rolle spielen. Der Papst wollte die ständigen Kriege und Fehden beheben, die aufgrund von Landnot entstanden sind. Ob Gott das wollte, ist eine andere Frage.

2. Vergleiche die Rede Urbans II. mit der George W. Buschs.
Beide versuchen ihren Kriegsaufruf mit Verweis auf Gott zu rechtfertigen. Man versucht, die Angreifer als gottlos darzustellen und sie und ihre Taten somit zu diskreditieren. Zudem wird in beiden Reden das brutale und zerstörerische Element der Angreifer hervorgehoben und damit zum Ausdruck gebracht, dass man im Recht sei, gegen diese Art der Aggression mit aller Härte vorzugehen.

3. Viele Muslime haben empört auf die Rede George W. Buschs reagiert. Diskutiere weshalb.
Durch den Terminus „Kreuzzug" fühlen sich besonders die muslimischen Menschen angesprochen, war doch der Erste Kreuzzug ein Krieg gegen die islamischen Eroberer Jerusalems, der damit endete, dass sämtliche Muslime in Jerusalem ihren Tod fanden.

Die Kreuzzüge des Mittelalters – vergeben und vergessen?

Im Jahre 2000 bat der damalige Papst Johannes Paul II. in einem Gottesdienst im Petersdom in Rom um Vergebung. Er thematisierte dabei u.a. das begangene Unrecht gegen Anhänger anderer Religionen und betonte die Verantwortung heutiger Christen dafür. Ausdrücklich bat er dabei das jüdische Volk um Verzeihung für begangenes Unrecht. Daraufhin formulierte der damalige Vorsitzende des Zentralrates der Muslime in Deutschland e.V., Dr. Nadeem Elyas, folgende Forderung:

Der Zentralrat der Muslime in Deutschland (ZMD) nahm die sieben Bitten von Papst Johannes Paul II. um Vergebung für die Fehler von Christen in der 2000-jährigen Kirchengeschichte mit Anerkennung und Respekt wahr.

Papst Johannes Paul II. bewies bei vielen seiner Auslandsbesuche in der islamischen Welt Mut zum Zugeben geschichtlicher Fehler der Kirche gegenüber anderen Religionsgemeinschaften und Kulturen und insbesondere gegenüber den Muslimen.

Zu den verheerendsten Fehlern der Kirche gehören die Kreuzzüge, die jahrhundertelang Unheil, Vernichtung und bis heute nicht verheilte Wunden mit sich brachten. In dem historischen Text von Papst Johannes Paul II. fanden gerade dieses beispiellose Kapitel in der Menschheitsgeschichte und seine Opfer, die Muslime, keine Erwähnung. Dies bedauern wir zutiefst. Eine Entschuldigung der offiziellen Kirche, die seinerzeit zu den Kreuzzügen aufgerufen hatte, und ihres heutigen Oberhaupts wäre als Abschluss für dieses Kapitel von größter Wichtigkeit gewesen.

Die damalige Legitimation „Gott will es!“ hätte bei dieser Gelegenheit mit einem deutlichen „Nicht Gott hat es gewollt!“ korrigiert werden müssen.

Wir erhoffen uns gleiche mutige Schritte und vor allem tätige Reue von den namhaften Vertretern aller Weltreligionen und Weltanschauungen, damit wir alle einer friedvollen Zukunft entgegensehen können.

Zentralrat der Muslime in Deutschland e.V.: Zum Schuldbekenntnis der röm.- kath. Kirche (mea culpa), Köln, den 14. März 2000; online: http://zentralrat.de/14628.php [01.06.2016]

1. Arbeite heraus, was genau der Zentralrat der Muslime forderte. Notiere dir **a**) Proargumente zur Unterstützung der Forderung oder **b**) Kontraargumente, die der Forderung entgegenstehen.
2. Überwiegen deiner Meinung nach die Pro- oder die Kontraargumente? Ziehe ein kurzes, aber begründetes Fazit.
3. Entscheide dich für das Argument der Gegenseite, welches deiner Meinung nach am meisten Gewicht hat. Begründe kurz, warum dies so ist.
4. Entscheide dich entweder dafür **a**) den Papst zu überzeugen, eine Entschuldigung zu formulieren oder **b**) der Forderung des Zentralrates der Muslime zu widersprechen. Verfasse dazu einen Brief.

Die Kreuzzüge des Mittelalters – vergeben und vergessen?

1. Arbeite heraus, was genau der Zentralrat der Muslime forderte.
   Da die Kirche zu den Kreuzzügen anstiftete, forderte der Zentralrat eine Entschuldigung seitens der offiziellen Kirche und seinem aktuellen Oberhaupt gegenüber den Muslimen. Es soll dabei herausgestellt werden, dass Gott die Kreuzzüge nicht gewollt habe.

   Notiere dir **a**) Proargumente zur Unterstützung der Forderung oder **b**) Kontraargumente, die der Forderung entgegenstehen.
   Individuelle Schülerantwort; auf folgende mögliche Argumentationen sei verwiesen:

   a)
   - eine Entschuldigung wäre ein positives Zeichen
   - sie fördert den Dialog zwischen Christen und Muslimen
   - die Kirche trägt eine Schuld an den Kreuzzügen
   - durch die Entschuldigung wird religiöser Fanatismus zum Thema
   - [...]

   b)
   - die Taten sind verjährt
   - auch die Muslime haben den Christen Leid zugefügt
   - die heutige Kirche trägt keine Verantwortung für vergangenes Unrecht
   - eine Entschuldigung wäre erzwungen
   - die Taten können sowieso nicht Rückgängig gemacht werden
   - [...]

2. Überwiegen deiner Meinung nach die Pro- oder die Kontraargumente? Ziehe ein kurzes, aber begründetes Fazit.
   Individuelle Schülerantwort, bei welcher es auf eine gelungene Begründung ankommt.

3. Entscheide Dich für das Argument der Gegenseite, welches deiner Meinung nach am meisten Gewicht hat. Begründe kurz, warum dies so ist.
   Individuelle Schülerantwort; auch hier ist die Begründung wichtig.

4. Entscheide dich entweder dafür, **a**) den Papst zu überzeugen, eine Entschuldigung zu formulieren oder **b**) der Forderung des Zentralrates der Muslime zu widersprechen. Verfasse dazu einen Brief.
   Individuelle Schülerantwort.

Teste dein Wissen

Spielfeld „Die Kreuzzüge“

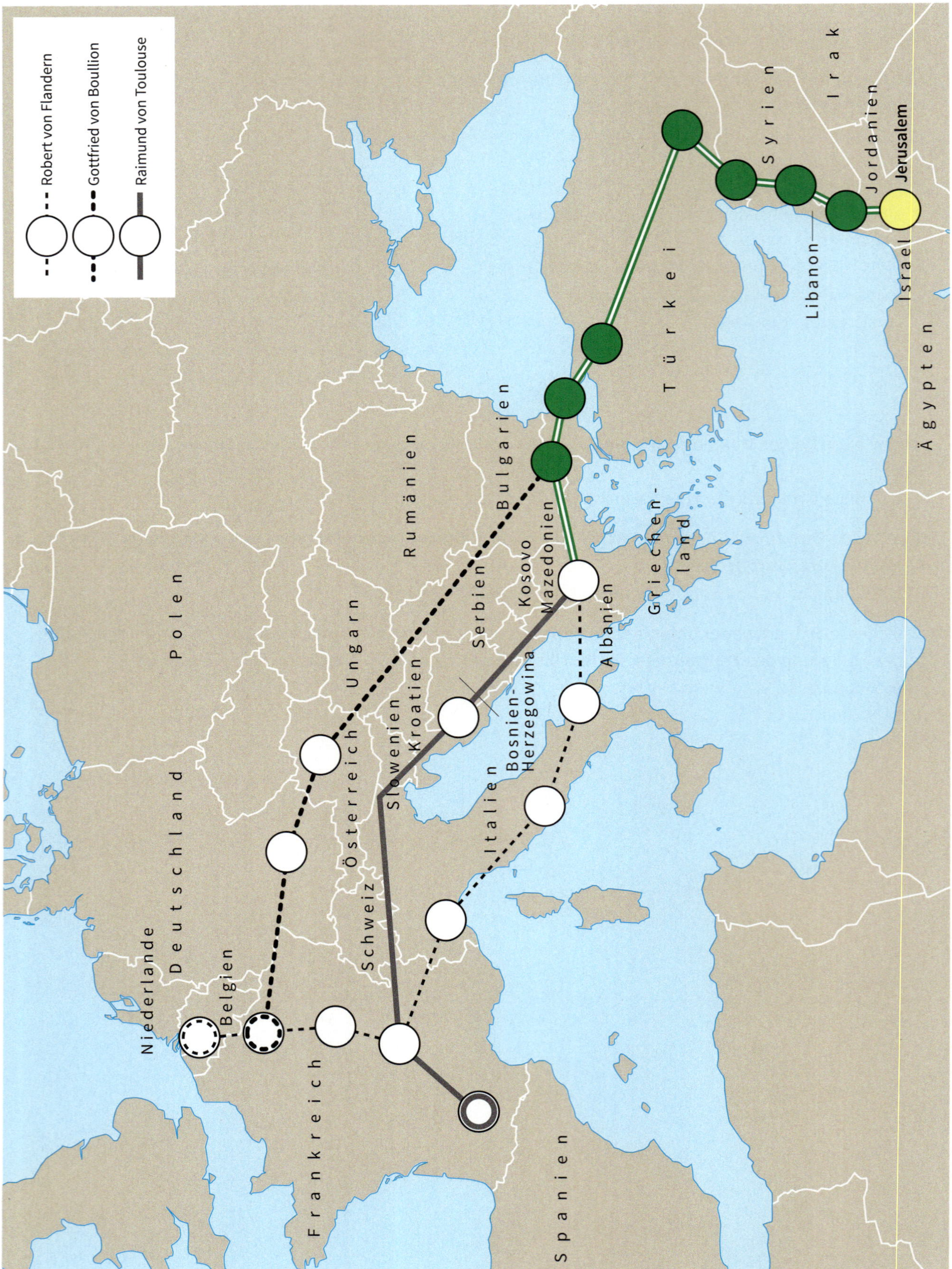

Teste dein Wissen

Fragen „Die Kreuzzüge“

Robert von Flandern	Gottfried von Boullion	Raimund von Toulouse	Allgemein
1. Wer hat zum Kreuzzug aufgerufen?	1. Welcher Kreuzzugsteilnehmer fehlt noch?	1. Wann fand der erste Kreuzzug statt?	1. Wo vereinten sich die Heere der Kreuzritter?
2. Was waren die Gründe für den Kreuzzug?	2. Warum nahm der deutsche Kaiser nicht am Kreuzzug teil?	2. Was für Folgen hatte der Volkskreuzzug für die Juden?	2. Zähle die Kreuzfahrerstaaten auf!
3. Was war der Volkskreuzzug?	3. Welche jüdischen Gemeinden im Deutschen Reich waren vom Volkskreuzzug betroffen?	3. Wo wurde zum Ersten Kreuzzug aufgerufen?	3. Was geschah mit der Bevölkerung Jerusalems nach der Eroberung durch die Kreuzritter?
4. Welchem Herrscher wollte man helfen?	4. Was waren die Ziele des Ersten Kreuzzuges?	4. Warum nahmen die Adligen am Kreuzzug teil?	4. Haben sich die Kreuzritter an die Abmachungen mit dem byzantinischen Kaiser gehalten?
5. Warum nahmen die einfachen Menschen am Kreuzzug teil?	5. Wie viele Soldaten nahmen am Ersten Kreuzzug teil?	5. Wer war der Anführer des Kreuzzugheeres?	5. Nenne Gewürze, die die Christen nun nach Europa importieren konnten.
6. Wer war der Feind des Kreuzritters?	6. Weshalb nannten sich die Kreuzzugsteilnehmer Kreuzritter?	6. Wie lange dauerte der Kreuzzug?	6. Was sind Ritterorden?
7. Wann ist der Islam entstanden?	7. Welcher Religion gehörten die Feinde der Kreuzritter an?	7. In welchem Jahrhundert würden wir nach der islamischen Zeitrechnung leben?	7. Wie viele „Kreuzzüge“ gab es?
8. Wie lange waren die Kreuzritter unterwegs ins Heilige Land?	8. Wer brachte die Kreuzritter übers Mittelmeer?	8. Nahmen Franken am Kreuzzug teil?	8. Wer wurde zum König von Jerusalem?

Teste dein Wissen

Lösung für „Die Kreuzzüge“

Robert von Flandern	Gottfried von Boullion	Raimund von Toulouse	Allgemein
1. Papst Urban II.	1. König Heinrich IV. und der französische König Philipp I.	1. 1096 bis 1099	1. Byzanz
2. Eroberung Jerusalems, Landknappheit	2. Wegen des Investiturstreits	2. In den Städten Köln, Mainz, Worms und Speyer zu Prognomen	2. Königreich Jerusalem, Fürstentum Antiochia, Grafschaft Edessa und die Grafschaft Tripolis
3. Es haben sich die einfachen Menschen abseits der Ritter aufgemacht.	3. Köln, Mainz, Worms, Speyer	3. Clermont	3. Sie wurden getötet.
4. Dem byzantinischen Kaiser Alexios I. Komnenos	4. Zurückeroberung Jerusalems	4. Aussicht auf Land, Titel und Reichtum; auch Sündenerlass	4. Nein, sie haben das eroberte Land für sich behalten.
5. Es ging um die Aussicht auf Geld und auf Sündenerlass.	5. Zwischen 50 000 und 60 000 Menschen	5. Raimund von Toulouse, Gottfried von Boullion, Robert von Flandern	5. Zimt, Pfeffer, Muskatnuss, Nelken
6. Türkische Seldschuken	6. Weil sie im Namen Gottes das Kreuz trugen	6. 1096 bis 1099	6. Kämpfende Mönche, die sich um die Versorgung und Verteidigung der Kreuzfahrerstatten kümmerten
7. Im frühen 7. Jahrhundert n. Chr. in Arabien durch den Propheten Mohammed	7. Islam	7. Im 15. Jahrhundert	7. Drei, nach üblicher Zählung
8. 1096 bis 1099	8. Der byzantinische Kaiser Alexios I. Komnenos	8. Nein	8. Gottfried von Boullion

Baustein 4

Mittelalterliche Heraldik

Überblick

In diesem Baustein finden Sie Arbeitsblätter zum Thema „Mittelalterliche Heraldik“. Den Schülerinnen und Schülern soll mit diesem Baustein ein erster Zugang zur Wappenkunde ermöglicht werden. Dies ist insbesondere von Bedeutung, da uns Wappen in vielen Bereichen begegnen: Schulwappen, Stadtwappen, Landeswappen als Hoheitsabzeichen der Polizei etc.

- Mithilfe der Wappen einiger Bundesländer soll den Lernenden unter Berücksichtigung der Leitfrage **Die Wappen der Bundesländer – mehr als nur Zierde?** ein erster Zugang zur Heraldik ermöglicht werden (**AB 1a – b**).
- Unter der Leitfrage **Viele Länder – ein Staat?** beschäftigen sich die **Arbeitsblätter 2a** und **2b** mit den Wappen aller 16 Bundesländer, indem deren Bedeutung recherchiert und eine stumme Karte mit Leben gefüllt wird.
- Die Entstehung von Wappen sowie die Bedeutung der einzelnen Bestandteile werden anhand eines fiktiven Dialoges thematisiert: **Die Ritter im Mittelalter – für den Kampf „gewappnet“?** (**AB 3a**). **AB 3b** analysiert ein Wappen genauer, abschließend wird den Lernenden die Möglichkeit gegeben, eine Wappenvorlage krativ auszugestalten (**AB 3c**).

Arbeitsblatt 1a / b
S. 59 + 60

Arbeitsblatt 2a / b
S. 62 + 63

Arbeitsblatt 3a – c
S. 65, 67, 69

Sachanalyse

Ursprünge der Heraldik

Der Ursprung der Heraldik ist eng mit den Kreuzzügen verbunden. Die europäischen Kreuzritter sahen sich im gelobten Land einer vor allem in der Kriegstechnik hochtechnisierten Kultur gegenüber. Diese Erfahrungen veranlassten die europäischen Heerführer neue militärische Ausrüstungsgegenstände zu entwickeln. Eine dieser Innovationen war eine verstärkte Panzerung der Soldaten. Besonderes Augenmerk lag auf dem Schutz des Kopfes der Ritter, was zur Folge hatte, dass deren Gesichter durch Vollvisierhelme nicht mehr zu sehen waren. Dies führte zur Notwendigkeit, seine Identität auf andere Weise zum Ausdruck zu bringen. Das gelang mit der Bemalung einzelner Rüstungsteile, der Schilder oder farbigen Streitrossdecken. Aus dieser anfangs noch recht einfachen Art der Kenntlichmachung entwickelte sich im Laufe der Jahrhunderte ein komplexes, festen Regeln folgendes System. Per Definition ist ein Wappen ein Abzeichen auf einem Schild. Das Wort „Wappen“ ist unverkennbar militärischen Ursprungs, entwickelte sich daraus das Neuhochdeutsche Wort „Waffe“. Doch erst im 16. Jahrhundert wurde dem Begriff „Wappen“ seine heutige Bedeutung zuteil. Wappen begegnen uns in nahezu allen Bereichen des öffentlichen Lebens: Staats- Landes-, Regions- oder Stadtwappen. Bei der Wappendarstellung, damals wie heute, finden lediglich die Farben Rot, Blau, Grün, Purpur und Schwarz sowie die Metalle Gold (Gelb) und Silber (Weiß) Verwendung. Die Heraldik schreibt vor, dass in einem Wappen stets Farbe an Metall stoßen muss. Einige Ausnahmen bestätigen hier die Regel. Neben Farben, ist es gängig, auch Fabelwesen oder Tiere in ein Wappen zu integrieren. Während ein kleines Wappen lediglich aus dem Wappenschild besteht, wie man es beispielsweise von dem Hoheitsabzeichen der Polizei kennt, besteht das sogenannte große Wappen (auch Vollwappen) aus den folgenden Bestandteilen: Wappenschild, Helm, Helmzier, Helmdecke. Fakultativ können noch Schildhalter (Tiere, Menschen oder Fabelwesen links und rechts des Schildes), sowie ein Wahlspruch hinzugefügt werden. Die Wappen der Bundesländer

Notwendigkeit von Wappen

Farbsymbolik

Wappenelemente

der BRD folgen weitestgehend den heraldischen Vorschriften und setzen sich aus historischen Wappenelementen der ehemaligen deuschen Staaten zusammen. Da die Heraldik ein sehr umfangreiches Feld ist, sei hier nochmals darauf verwiesen, dass lediglich die für den Geschichtsunterricht relevanten Informationen zusammengestellt wurden. Für eine tiefergehende Auseinandersetzung mit diesem Thema sei auf die wissenschaftliche Fachliteratur verwiesen.

Methodisch-didaktische Analyse

AB 1a Das **AB 1a** knüpft an die Lebenswirklichkeit der Schülerinnen und Schüler an. Dazu werden die Wappen der Bundesländer Baden Württemberg, Rheinland-Pfalz, Nordrhein-Westfalen und Mecklenburg Vorpommern herangezogen. Eine erste Annäherung erfolgt über die Analyse der Wappenelemente, die von den Lernenden auf dem Arbeitsblatt gesichert werden. Die Recherche der Bedeutung der einzelnen Elemente bietet sich auch als Hausaufgabe an.
AB 1b Die Ergebnisse können auf dem **AB 1b** festgehalten werden, die Besprechung wird durch
Leitfrage die Stundenfrage **Die Wappen der Bundesländer – mehr als nur Zierde?** eingeleitet.

AB 2a – b Die Arbeitsblätter **2a – b** thematisieren die föderalistische Struktur der BRD. Unter der Leit-
Leitfrage frage **Viele Länder – ein Staat?** sollen die einzelnen Wappen (**AB 2a**) den entsprechenden Bundesländern zugeordnet werden (**AB 2b**). Die Eintragung der Hauptstädte der Bundesländer kann entweder als Hausaufgabe erteilt werden, oder aber während des Unterrichts mit Hilfe von Atlanten oder dem PC erfolgen.

AB 3a Mithilfe des **AB 3a** wird den Schülerinnen und Schülern anhand der Fragestellung **Die
Leitfrage Ritter im Mittelalter – für den Kampf „gewappnet"?** ein Verständnis vom Aufbau eines
AB 3b Wappens vermittelt. **Das AB 3b** versteht sich als Ergänzung. Die Beschriftung der Wappenelemente kann sowohl im Unterricht, als auch als Hausaufgabe erfolgen. Abschließend können die Schülerinnen und Schüler ihrer Kreativität freien Lauf lassen und ein eigenes
AB 3c Wappen gestalten (**AB 3c**). Zusätzlich besteht die Möglichkeit die Wappenmotive der Lerngrppe zu digitalisieren und eine Bilddatei an eine Stempelmanufaktur zu senden. Die Schülerinnen und Schüler erhalten so ihre eigens gestalteten Wappen als Holzstempel.

Die Wappen der Bundesländer – mehr als nur Zierde?

1. Betrachte die Wappen genau und halte in Stichworten fest, welche Elemente du erkennen kannst.

Die Wappen der Bundesländer – mehr als nur Zierde?

Landeswappen ____________ 	Wappenelemente (Bedeutung) • • • •
Landeswappen ____________ 	Wappenelemente (Bedeutung) • • • •
Landeswappen ____________ 	Wappenelemente (Bedeutung) • • • •
Landeswappen ____________ 	Wappenelemente (Bedeutung) • • • •

1. Recherchiere die Bedeutung der Wappenelemente.
2. Begib dich auf die Suche nach dem Wappen deiner Stadt oder Gemeinde und erläutere dessen symbolische Bedeutung.

Die Wappen der Bundesländer – mehr als nur Zierde?

1. Recherchiere die Bedeutung der Wappenelemente.

Landeswappen **Rheinland-Pfalz** 	Die **Weinlaubkrone** symbolisiert die Souveränität des Volkes sowie den Weinbau. Das **Sankt-Georgs-Kreuz** ist Wahrzeichen des Erzbistums und Kurfürstentums Trier. Das **sechsspeichige Rad auf rotem Grund** ist Symbol des Bistums Mainz. Der **mit Krone besetzte Löwe** symbolisiert die wittelsbacher Pfalzgrafen.	Landeswappen **Baden-Württemberg** 	Der **Pfälzer Löwe** erinnert an die Kurpfalz, deren Gebiet im Nordwesten rund um Heidelberg und Mannheim einen Großteil des späteren Großherzogtums Baden ausmachte.
Landeswappen **Nordrhein-Westfalen** 	Der **Wellenbalken** symbolisiert den Rhein, der Verlauf wurde aus ästhetischen Gründen gegen den kartografischen Verlauf gedreht. Der Rhein steht für den Landesteil Rheinland. Das **Westfalenpferd mit aufgeworfenem Schweif** steht für den Landesteil Westfalen. Die **lippische Rose** steht für das Land Lippe, das nach dem Zweiten Weltkrieg seine Selbstständigkeit als Freistaat aufgeben musste und in das Land Nordrhein-Westfalen eingegliedert wurde.	Landeswappen **Mecklenburg-Vorpommern** 	Die mecklenburger Fürsten führten den Stierkopf im Stammwappen. Der Greif steht für Vorpommern. Der brandenburgische Adler steht für die Teile der Uckermark, die zum Land gehören, und verweist auf die jahrhundertealte Verbindung zwischen Pommern und Brandenburg.

2. Begib dich auf die Suche nach dem Wappen deiner Stadt oder Gemeinde und erläutere dessen symbolische Bedeutung.

Individuelle Schülerantwort.

Viele Länder – ein Staat?

Baden-Württemberg	Bremen	Berlin	Brandenburg

Mecklenburg-Vorpommern	Hessen	Hamburg	Bayern

Saarland	Rheinland-Pfalz	Nordrhein-Westfalen	Nieder-sachsen

Thüringen	Schleswig-Holstein	Sachsen	Sachsen-Anhalt

1. Halte ein Kurzreferat über ein Wappen deiner Wahl. Gehe insbesondere auf die Symbole und Farben ein.
2. Schneide die Wappen aus und ordne sie den entsprechenden Bundesländern auf der stummen Karte zu (Arbeitsblatt 2b).

Viele Länder – ein Staat?

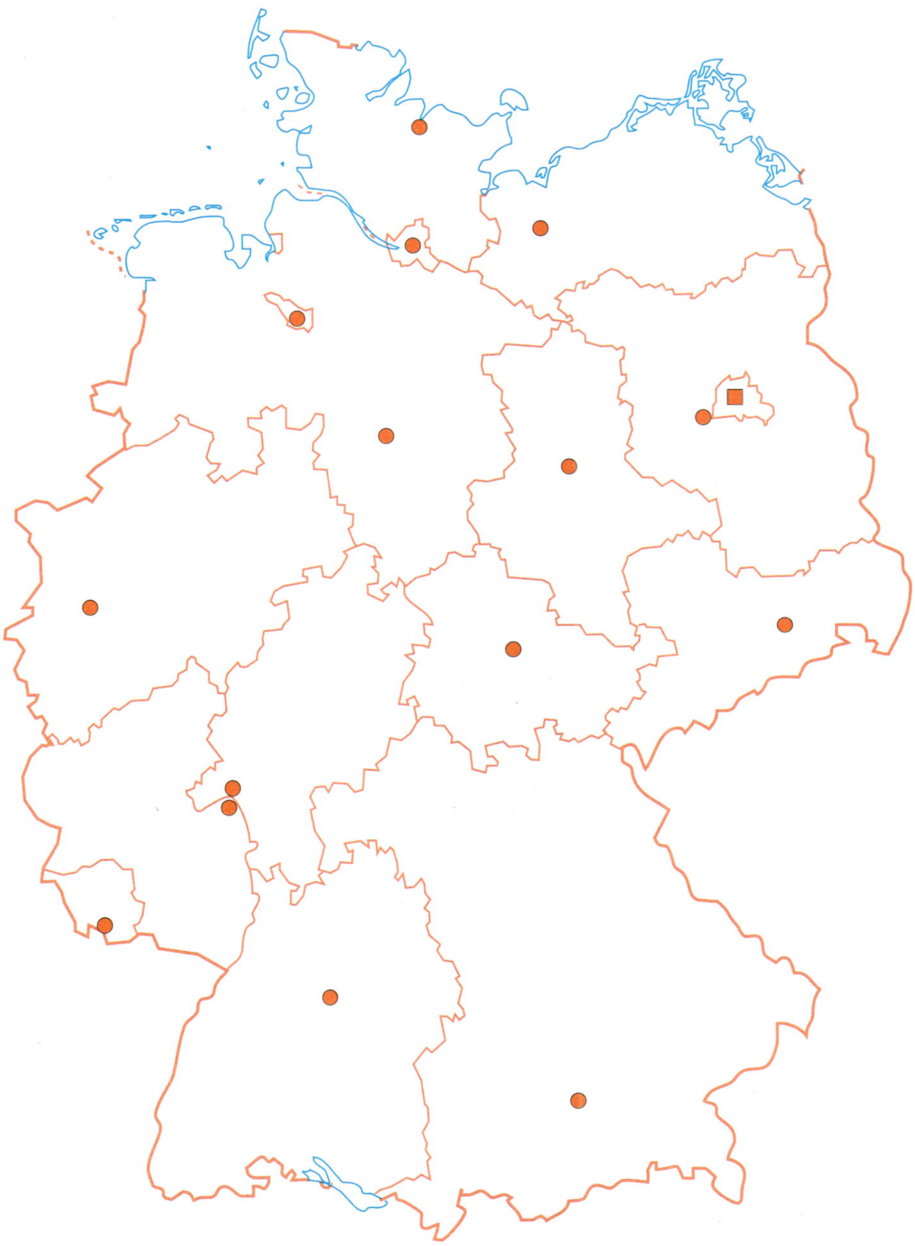

Markiere die geographische Lage der Hauptstädte und benenne diese.

Viele Länder – ein Staat?

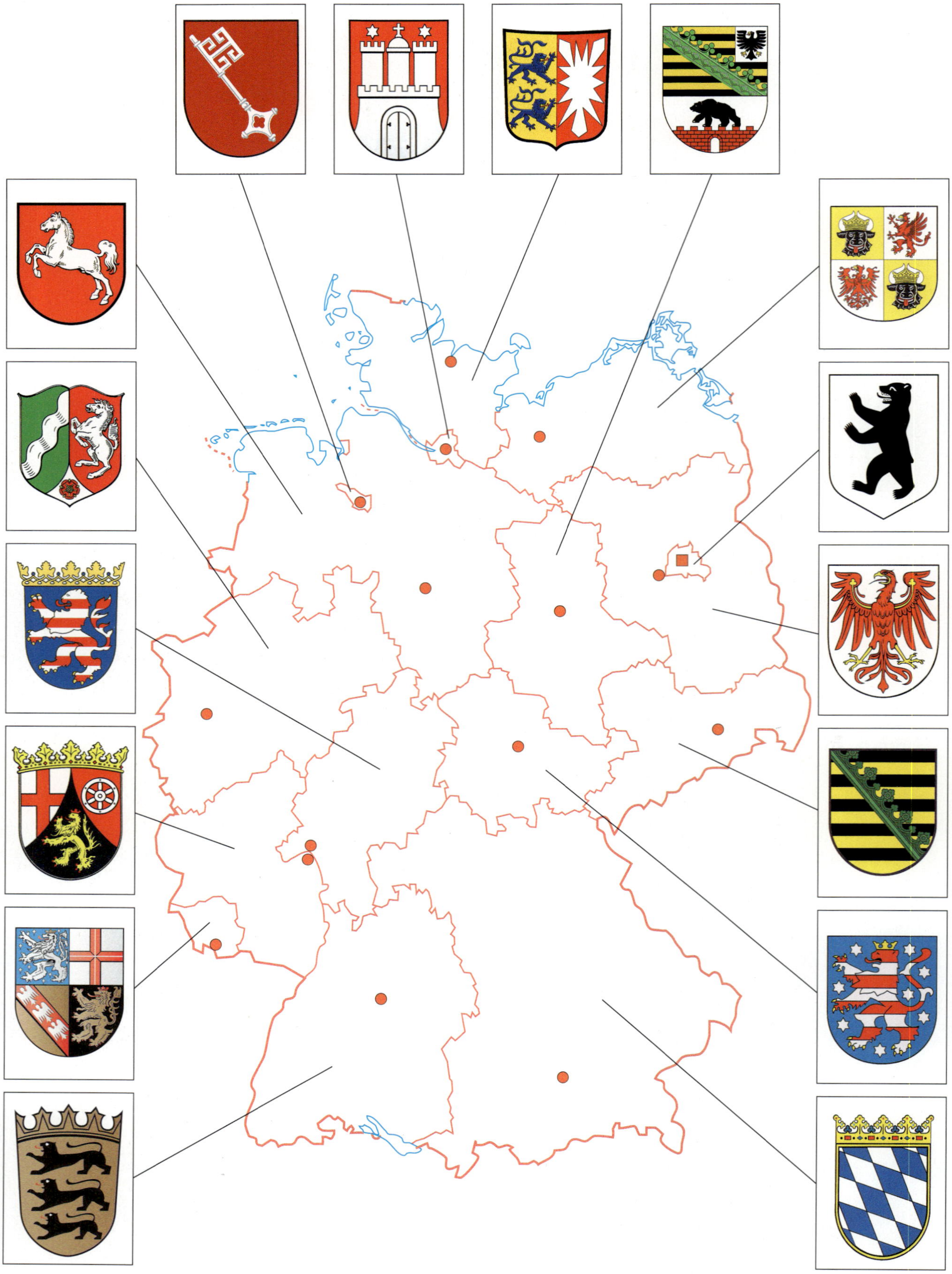

Die Ritter im Mittelalter – für den Kampf „gewappnet“?

Am Hofe des Königs Otto wird ein großes Fest gehalten. Da dürfen natürlich auch keine Ritter fehlen. Aus allen Teilen des Landes sind die edlen Ritter zu Pferd angereist, um an dem großen Turnier teilzunehmen. Auch viele Knappen („Auszubildenden“ der Ritter) und Herolde (offizielle Boten) sind anwesend. Auf dem Turnierplatz herrscht ein buntes Treiben. Der Herold Gunther erklärt dem Knappen Albrecht die prächtigen Wappen der Ritter:

Knappe Albrecht: „Ach herrje, das sind aber viele Ritter hier auf dem Platz. Und sieh doch, wie prachtvoll sie ihre Schilder verziert haben.“

Herold Gunther: „Ja Albrecht. Die Ritter haben sich ihr Wappen auf das Schild malen lassen, damit man sie gleich erkennt.“

Knappe Albrecht: „Ja das macht Sinn, denn mit dieser schweren Rüstung und dem Helm kann man ja niemanden richtig erkennen.“

Herold Gunther: „Du bist ein richtig kluger Bursche und hast eine gute Auffassungsgabe.“

Knappe Albrecht: „Hat denn jeder Ritter sein eigenes Wappen?“

Herold Gunther: „In der Tat. Das Wappen wird von der gesamten Familie des Ritters geführt. Deshalb spricht man auch von einem Familienwappen. Die Wappen sind so gemalt, dass keines dem anderen gleicht.“

Knappe Albrecht: „Und haben die schönen Farben auch eine Bedeutung?“

Herold Gunther: „Jede Farbe hat eine ganz besondere Bedeutung. Die Farben gelb und weiß stehen für die Metalle Gold und Silber. Gold ist die Farbe der Sonne und steht für Verstand, Ansehen und Herrschaftlichkeit. Silber ist die Farbe des Mondes und symbolisiert Reinlichkeit, Unschuld und Weisheit. Und so haben auch die Farben ihre jeweils eigene Bedeutung: Rot steht für den Dienst am Vaterland, blau für Treue und Beständigkeit, grün für Schönheit, Freiheit, Hoffnung und Jugend. Zu guter Letzt gibt es noch Schwarz. Diese Farbe symbolisiert Trauer.“

Knappe Albrecht: „Das ist aber interessant. Gibt es denn keine anderen Farben im Wappen?“

Herold Gunther: „Nein. Die Wappenmaler, wir nennen sie auch Heraldiker, haben diesbezüglich strenge Regeln. Wenn du genau hinschaust, dann fallen dir bestimmt noch weitere Regeln auf.“

Knappe Albrecht: „Ja, ich erkenne, dass sich niemals zwei Farben direkt berühren. Da ist immer ein „Metall“ dazwischen, also gelb oder weiß.“

Herold Gunther: „Neben den Farben spielen die Symbole auf den Wappen eine wichtige Rolle. Der Helm ist eines der Hauptbestandteile eines Wappens. Und erinnert an dessen Funktion. Die Helmzier, das ist die Figur, die auf dem Helm steht, orientiert sich an Persönlichkeitsmerkmalen des Trägers. Es können Tiere oder Fabelwesen, Pflanzen oder Menschen abgebildet sein. Der Helm selbst wird eingefasst von der Helmdecke. Diese trägt die Hauptfarben des Wappens. Letztendlich ist im Zentrum des Wappens der Wappenschild. Hier findest du die Farben, Symbole oder Figuren wieder und jedes dieser Elemente hat eine bestimmte Bedeutung.“

(Autorentext)

1. Erläutere, welche Funktion Wappen ursprünglich besaßen.
2. Lege eine Tabelle an und arbeite aus dem Text die Farben, sowie deren Bedeutung heraus.
3. Erkläre, in welchen Bereichen des Alltags dir schon einmal Wappen begegnet sind?
4. In unserer Gegenwart gibt es weder Ritter noch Turniere. Somit sind Wappen überflüssig geworden. Nimm zu dieser Aussage kritisch Stellung.

Die Ritter im Mittelalter – für den Kampf „gewappnet“?

1. Erläutere, welche Funktion Wappen ursprünglich besaßen.
Da Ritter in voller Rüstung nicht erkannt wurden, weil der Helm das Gesicht verdeckte, wurden die Schilde bemalt. Daraus entwickelten sich die Wappen.

2. Lege eine Tabelle an und arbeite aus dem Text die Farben, sowie deren Bedeutung heraus.

Farbe	Bedeutung
Gold / gelb	Verstand, Ansehen, Herrschaftlichkeit
Silber / weiß	Reinlichkeit, Unschuld, Weisheit
rot	Dienst am Vaterland
blau	Beständigkeit
grün	Freiheit, Schönheit, Freude, Hoffnung, Jugend
schwarz	Trauer

3. In welchen Bereichen des Alltags sind dir schon einmal Wappen begegnet?
Mögliche Schülerantworten: Stadtwappen, Gemeindewappen, Hoheitsabzeichen der Polizei, Schulwappen etc.

4. In unserer Gegenwart gibt es weder Ritter noch Turniere. Somit sind Wappen überflüssig geworden. Nimm zu dieser Aussage kritisch Stellung.
Individuelle Schülerantwort.

Die Ritter im Mittelalter – für den Kampf „gewappnet"?

1. Beschrifte die Elemente eines Wappens.
2. Recherchiere die Bedeutung der dargestellten Symbole.

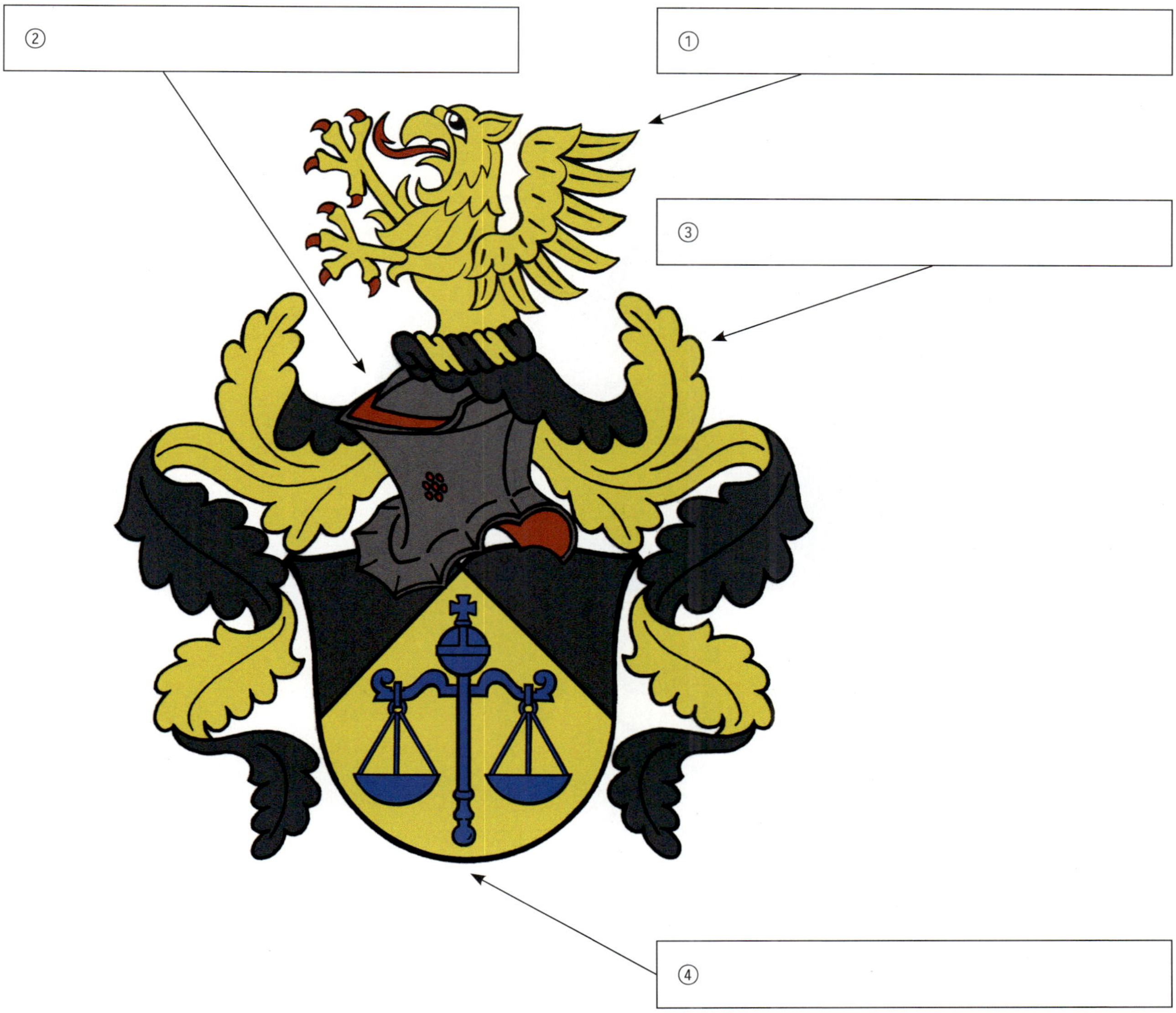

Die Ritter im Mittelalter – für den Kampf „gewappnet“?

1. Beschrifte die Elemente eines Wappens.

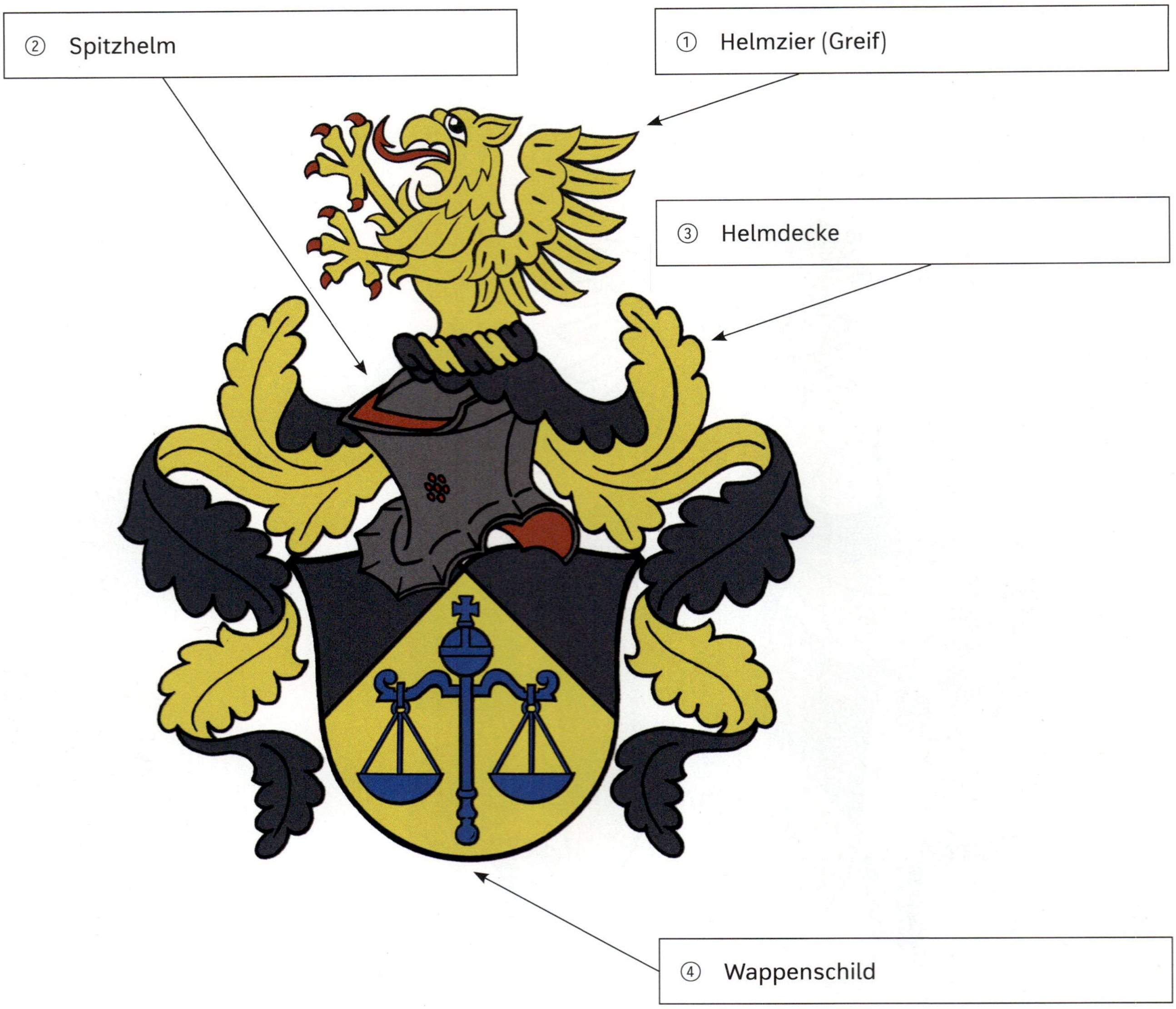

2. Recherchiere die Bedeutung der dargestellten Symbole.

Die **Helmzier** stellt einen Greif dar. Ein Greif ist ein Mischwesen zwischen einem Löwen und einem Adler. Der Adler, einer der größten Raubvögel der Erde, fand bereits bei den Römischen Caesaren als Wappentier Verwendung und steht für Macht, Erhabenheit und Stärke. Die Wage auf dem Wappenschild ist das Symbol der Gerechtigkeit. Die Farben Rot und Silber stehen für den Dienst am Vaterland sowie für Reinheit.

Die Ritter im Mittelalter – für den Kampf „gewappnet“?

1. Gestalte dein eigenes Wappen nach den Regeln der Heraldik.

Teste dein Wissen

Heraldik

O	H	W	K	T	F	R	G	J	H	D	T	E	F	D	V	B
C	P	B	H	E	R	O	L	D	F	S	C	H	I	L	D	I
C	E	T	C	N	F	K	W	G	F	X	B	W	O	P	Q	E
T	R	I	T	T	E	R	W	T	E	B	L	H	P	U	E	E
V	Q	N	S	L	C	O	Z	K	C	E	K	E	Y	S	V	G
M	C	K	N	A	P	P	E	R	A	R	P	L	Y	Y	D	J
W	N	Y	Q	S	O	G	V	O	S	L	Y	M	H	M	D	D
L	I	S	H	T	A	G	T	K	M	I	B	R	S	B	F	V
S	R	Ü	S	T	U	N	G	N	X	N	V	X	Q	O	G	B
T	L	U	F	J	C	N	K	B	E	P	H	W	G	L	Y	Q
W	B	U	N	D	E	S	L	Ä	N	D	E	R	Z	E	N	K
Q	Z	E	H	E	Z	F	B	X	G	S	D	Z	S	W	C	H
L	H	E	L	M	Z	I	E	R	F	E	F	A	R	B	E	N
K	L	A	I	U	G	C	H	K	T	S	V	P	W	U	M	X
W	A	P	P	E	N	C	T	U	R	N	I	E	R	X	D	W
S	R	O	D	S	E	E	W	X	M	N	C	M	T	M	G	U
P	U	I	G	U	F	W	A	P	P	E	N	T	I	E	R	Y

Diese Wörter sind versteckt:

① Bundesländer
② Wappentier
③ Helmzier
④ Turnier
⑤ Rüstung
⑥ Symbole
⑦ Ritter
⑧ Herold
⑨ Knappe
⑩ Farben
⑪ Schild
⑫ Berlin
⑬ Wappen
⑭ Helm

Lösung für „Heraldik“

O	H	W	K	T	F	R	G	J	H	D	T	E	F	D	V	B
C	P	B	H	E	R	O	L	D	F	S	C	H	I	L	D	I
C	E	T	C	N	F	K	W	G	F	X	B	W	O	P	Q	E
T	R	I	T	T	E	R	W	T	E	B	L	H	P	U	E	E
V	Q	N	S	L	C	O	Z	K	C	E	K	E	Y	S	V	G
M	C	K	N	A	P	P	E	R	A	R	P	L	Y	Y	D	J
W	N	Y	Q	S	O	G	V	O	S	L	Y	M	H	M	D	D
L	I	S	H	T	A	G	T	K	M	I	B	R	S	B	F	V
S	R	Ü	S	T	U	N	G	N	X	N	V	X	Q	O	G	B
T	L	U	F	J	C	N	K	B	E	P	H	W	G	L	Y	Q
W	B	U	N	D	E	S	L	Ä	N	D	E	R	Z	E	N	K
Q	Z	E	H	E	Z	F	B	X	G	S	D	Z	S	W	C	H
L	H	E	L	M	Z	I	E	R	F	E	F	A	R	B	E	N
K	L	A	I	U	G	C	H	K	T	S	V	P	W	U	M	X
W	A	P	P	E	N	C	T	U	R	N	I	E	R	X	D	W
S	R	O	D	S	E	E	W	X	M	N	C	M	T	M	G	U
P	U	I	G	U	F	W	A	P	P	E	N	T	I	E	R	Y

Diese Wörter sind versteckt:

① Bundesländer
② Wappentier
③ Helmzier
④ Turnier
⑤ Rüstung
⑥ Symbole
⑦ Ritter
⑧ Herold
⑨ Knappe
⑩ Farben
⑪ Schild
⑫ Berlin
⑬ Wappen
⑭ Helm

Baustein 5

Handel und Wandel

Überblick

In diesem Baustein finden Sie Arbeitsblätter zum Thema Handel und Wandel im Mittelalter:

Arbeitsblatt 1
S. 74

- Das **AB 1** befasst sich mit der Fragestellung **Das dunkle Mittelalter – fortschrittlicher als man dachte?** Am Beispiel der Nockenwelle wird verdeutlicht, dass das Mittelalter unseren heutigen technischen Alltag nach wie vor prägt.

Arbeitsblatt 2
S. 76

- Mathematisch-naturwissenschaftliche Beobachtungen stehen im Mittelpunkt des **AB 2**. Anhand der sogenannten Fibonacci-Folge wird den Lernenden veranschaulicht, wie bereits im Mittelalter aus naturwissenschaftlichen Beobachtungen Erkenntnisse gewonnen wurden: **Das unwissenschaftliche Mittelalter: 1, 2, 3 – Hexerei?**

Arbeitsblätter 3a – d
S. 78 – 81

- Die Hanse ist das zentrale Thema der **AB 3a – d**.Unter der Leitfrage **Die Hanse – eine friedliche Händlervereinigung?** wird den Schülerinnen und Schülern die Bedeutung dieser mittelalterlichen Handelsmacht vermittelt.

Sachanalyse

Finsteres Mittelalter?

Das europäische Mittelalter wird seit der Renaissance als dunkel und finster dargestellt. Viele Menschen verbinden mit dieser Zeit einen kulturellen und technischen Niedergang, der scheinbar erst durch die Renaissance gestoppt und umgekehrt wurde. Damit wird man den Menschen und Erfindungen des Mittelalters nicht gerecht. Das Mittelalter lieferte viele Innovationen, die bis heute unseren Alltag beeinflussen. Die Einführung der Dreifelderwirtschaft optimierte den Ackerbau, die Nutzung der Windkraft lieferte eine neue Energiequelle, die bis heute Verwendung findet. Auch die Nockenwelle revolutionierte die Produktion von Waren und Waffen, ohne diese wäre unsere hochtechnisierte und industrialisierte Lebensweise kaum vorstellbar. Nur ist das den wenigsten Menschen bewusst.

Leonardo von Pisa

So hat beispielsweise der italienische Mathematiker Leonardo von Pisa, auch Fibonacci genannt, im Jahre 1202 bei der Beobachtung von Kaninchen eine interessante Feststellung gemacht. Er befasste sich dabei besonders mit der Zahlenfolge **1, 1, 2, 3, 5, 8, 13, 21 ….** Diese Zahlenfolge kann man beliebig weiter fortsetzen, indem man stets die letzten beiden Zahlen addiert (**1 + 1 = 2 , 1 + 2 = 3 , 2 + 3 = 5 , 3 + 5 = 8**). Diese Reihe wird auch als Fibonacci-Folge bezeichnet. Es handelt sich hier um eine rekursive Folge nach dem folgenden Bildungsgesetz:

$$f_1 = f_2 = 1 \qquad f_n = f_{(n-1)} + f_{(n-2)} \quad n > 2$$

Diese Folge war bereits den Griechen und Indern vor ihm bekannt. Fibonacci hat sie lediglich wiederentdeckt.

Hanse

Die Hanse war eine überwiegend deutsche Händlervereinigung, die zwischen 1250 und 1670 in der Ost- und Nordsee operierte. Jedoch gab es auch Verbindungen nach Spanien und Italien. Die Hanse diente den Händlern hauptsächlich als Rechtsschutz und Schutz vor Überfällen. Als Gemeinschaft konnte man seine Interessen mit mehr Nachdruck verfolgen. Nicht selten kam es vor, dass Städte boykottiert oder gar Kriege gegen Königreiche geführt wurden, um handelspolitische Interessen zu schützen. Die Hanse vereinheitlichte das Seerecht und sorgte für den wirtschaftlichen Aufschwung der sogenannten Hansestädte, die bald nach politischer Autonomie strebten. Ihr Niedergang kann nicht monokausal erklärt werden, sondern ist eher in einem Ursachenbündel zu finden: zum einen wurde die Hanse im Schiffsbau abgehängt und mit der Entdeckung Amerikas verlor der Ost- und Nordseeraum an Bedeutung. Zum anderen etablierten sich später im Landesinneren Handelsmessen, die zusätzlich Konkurrenz brachten.

Gründe für Niedergang

Methodisch-didaktische Analyse

Ziel des **AB 1** ist es, den Schülerinnen und Schülern zu zeigen, dass das Mittelalter wichtige technische Errungenschaften vorzuzeigen hatte. Die Nockenwelle war eine solche Errungenschaft, die bis heute unseren technischen Alltag bestimmt. Wichtig ist hierbei, dass die Lernenden verstehen, wie die Nockenwelle funktioniert und welche Vorteile diese neue Fertigungsweise hatte. Dazu dienen die Aufgaben 1 und 2. Die Schülerinnen und Schüler erkennen, dass somit eine quasi „industrielle" Massenproduktion möglich wurde. Muskel-, Wasser- und Windkraft lieferten damals die Energie für eine solche Produktionsweise. Der Lehrer kann dabei auch einen Gegenwartsbezug herstellen, denn seit der Energiewende in der BRD gewinnen diese Formen der Energiegewinnung wieder mehr an Bedeutung. Die Schülerinnen und Schüler erkennen, dass die Nockenwelle aus dem Mittelalter heute noch Verwendung findet, sogar in solch hochtechnisierten Bereichen wie dem Maschinenbau. An dieser Stelle ist die Beantwortung der Stundenfrage **Das dunkle Mittelalter – fortschrittlicher als man dachte?** anzuraten.

AB 1

Leitfrage

Bei dem **AB 2** bietet es sich an, die Aufgaben 1 und 2 in Partnerarbeit bearbeiten zu lassen, da zwei Lernende bei mathematischen Problemstellungen eher auf die Lösung kommen, als einer alleine. Hauptaugenmerk wird auf die Aufgaben drei und vier gelegt. Die Schülerinnen und Schüler sollen verstehen, dass diese mathematische Formel und ihr Zusammenhang mit Naturphänomenen nicht einfach so vom Himmel fällt, sondern eine empirische und langfristige wissenschaftliche Arbeit voraussetzt. Besonders im Zusammenhang mit der vierten Aufgabe wird den Schülerinnen und Schülern klar, dass sich die mittelalterlichen Wissenschaftler in ihrer Methodik kaum von den heutigen unterscheiden. An dieser Stelle sollte die Stundenfrage: **Das unwissenschaftliche Mittelalter: 1,2,3 – Hexerei?** im Plenum besprochen werden.

AB 2

Leitfrage

Die Arbeitsblätter **3 a – d** sind ausgelegt für eine Schulstunde und soll in Partnerarbeit bearbeitet werden. Die Schülerinnen und Schüler erleben, dass Geschichte nicht nur aus dem Bearbeiten von Textquellen oder dem Auswendiglernen von Daten besteht, sondern einen rein praktischen Hintergrund haben kann. Die Auswertung von archäologischen Funden und deren Geschichte ist ein wichtiger Bestandteil der Geschichtswissenschaft. Auf spielerische Art und Weise erlangen die Schülerinnen und Schüler bei der Auswertung der Briefe und der Fundorte der Wracks wichtige Erkenntnisse über die Hanse. Sie stellen die Inhalte der Briefe und die Fundorte in einen Zusammenhang und müssen damit eine Theorie über längst vergangene Zeiten aufstellen. Zugleich schult die Kartenarbeit die geographischen Kenntnisse der Lernenden. An dieser Stelle sollte die Beantwortung der Stundenfrage **Die Hanse – eine friedliche Händlervereinigung?** erfolgen. Die Lehrkraft legt zu diesem Zweck eine Folie mit der Karte auf und lässt die Fundorte von der Klasse eintragen. Es bietet sich an, eine Art Brainstorming an der Tafel durchzuführen, um auf diese Weise sämtliche Aspekte zu sammeln. Die Lernenden sollen dann in Eigenarbeit die Stichpunkte als Fließtext zusammenfassen.

AB 3 a – d

Leitfrage

Das dunkle Mittelalter – fortschrittlicher als man dachte?

Abbildung 1

Abbildung 2

1. Abbildung 1 zeigt eine mittelalterliche Schmiede. Erläutere, wie die Hämmer der Schmiede bewegt wurden. Liste auf, welche Vorteile diese Methode hatte.
2. a) Zähle verschiedene Möglichkeiten auf, woher die Menschen im Mittelalter ihre Energie für den Betrieb der Schmiede gewonnen haben.
   b) Begründe, welche Methode dir am sinnvollsten erscheint.
3. Auf der Abbildung 2 erkennst du einen modernen Zylinderkopf. Vergleiche diesen mit der mittelalterlichen Schmiede und beschreibe, was dir dabei auffällt.
4. Ab dem Jahre 1989 wurden die Berufsbezeichnungen „Schmied" und „Schlosser" zu „Metallbauer" geändert. Der Bereich Metallbau vereint drei Fachrichtungen: **Konstruktionstechnik, Metallgestaltung und Nutzfahrzeugbau**. Wähle eine der drei Fachrichtungen aus und halte einen kurzen Vortrag über den jeweiligen Ausbildungsberuf.

Das dunkle Mittelalter – fortschrittlicher als man dachte?

1. Abbildung 1 zeigt eine mittelalterliche Schmiede. Erläutere, wie die Hämmer der Schmiede bewegt wurden. Liste auf, welche Vorteile diese Methode hatte.
Die Schülerinnen und Schüler erkennen im Idealfall, dass die Hämmer der Schmiede mit Hilfe einer Walze angetrieben wurden. Diese Walze wurde durch ein Wasserrad bewegt.
Ergänzend kann die Lehrkraft noch erläutern, dass durch die sogenannten Nocken auf der Walze die Hämmer bewegt wurden.
Die Vorteile einer solchen Methode sind unter anderem:
- Kraftersparnis
- Erhöhte Produktionsleistung
- Dauerbetrieb

2. a) Zähle verschiedene Möglichkeiten auf, woher die Menschen im Mittelalter ihre Energie für den Betrieb der Schmiede gewonnen haben.
b) Begründe, welche Methode dir am sinnvollsten erscheint.
Prinzipiell gibt es verschiedene Möglichkeiten: Wasser-, Wind- und Muskelkraft von Menschen und Tieren. Es bleibt anzumerken, dass die Wasserkraft im Gegensatz zu den anderen oben genannten Möglichkeiten eine sehr konstante Energiequelle darstellt.

3. Auf der Abbildung 2 erkennst du einen modernen Zylinderkopf. Vergleiche diesen mit der mittelalterlichen Schmiede und beschreibe, was dir dabei auffällt.
Die Schülerinnen und Schüler erkennen im Idealfall, dass auch bei einem modernen Motor durch die Drehbewegung einer Welle die Zylinder heruntergedrückt werden. Somit gleicht dieses Prinzip der Bewegungsübertragung dem der mittelalterlichen Schmiede.

4. Ab dem Jahre 1989 wurden die Berufsbezeichnungen „Schmied“ und „Schlosser“ zu „Metallbauer“ geändert. Der Bereich Metallbau vereint drei Fachrichtungen: **Konstruktionstechnik, Metallgestaltung und Nutzfahrzeugbau**. Wähle eine der drei Fachrichtungen aus und halte einen kurzen Vortrag über den jeweiligen Ausbildungsberuf.
Individuelle Schülerantwort.

Das unwissenschaftliche Mittelalter: 1, 2, 3 – Hexerei?

Der italienische Mathematiker Leonardo von Pisa, auch Fibonacci genannt, hat im Jahre 1202 bei Naturbeobachtungen eine verblüffende Entdeckung gemacht: Das Wachstum in der Natur folge einer mathematischen Reihe: **1, 1, 2, 3, 5, 8, 13, 21 … usw.** Diese Zahlenfolge kann man beliebig weiter fortsetzen, indem man stets die letzten beiden Zahlen addiert (**1 + 1 = 2, 1 + 2 = 3, 2 + 3 = 5, 3 + 5 = 8**).

Erstaunlicherweise konnte *Fibonacci* mit dieser Zahlenfolge in die Zukunft schauen!

Sumpf-Schafgarbe

Kaninchen

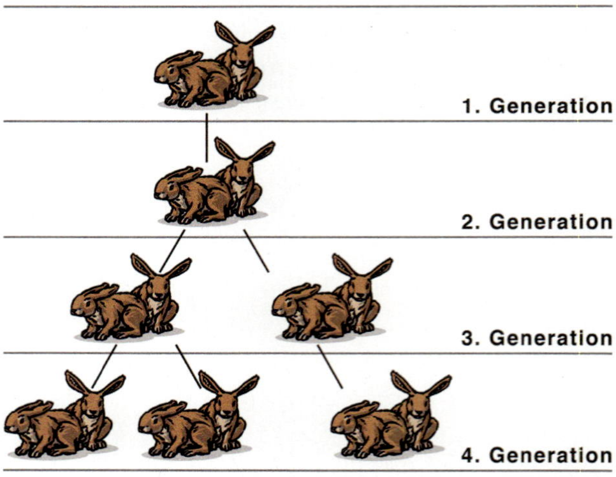

1. Vergleiche Fibonaccis Zahlenfolge mit der Anzahl der Verästelungen der Sumpfschafgarbe und der Anzahl der Kaninchenpärchen und erkläre, was dir dabei auffällt.
2. Erläutere, weshalb Fibonacci mit der Zahlenfolge „in die Zukunft“ schauen konnte.
3. Liste auf, welche Schritte und Überlegungen zu solch einer Erkenntnis nötig waren.
4. Schlage die Definition von „Naturwissenschaft“ im Lexikon nach und vergleiche diese mit deiner Liste aus Aufgabe 3.

Das unwissenschaftliche Mittelalter: 1, 2, 3 – Hexerei?

1. Vergleiche Fibonaccis Zahlenfolge mit der Anzahl der Verästelungen der Sumpfschafsgabe und der Anzahl der Kaninchenpärchen und erkläre, was dir dabei auffällt.
   Fibonaccis Zahlenfolge ist mit der Anzahl der Verästelungen sowie mit der Anzahl der Kaninchenpärchen identisch.

2. Erläutere, weshalb Fibonacci mit der Zahlenfolge „in die Zukunft" schauen konnte.
   Fibonacci konnte in die Zukunft schauen, da sich die Anzahl der nächsten Generation aus der Addition der Anzahl beiden Vorgängergenerationen ergibt.
   1, 1, 2, 3, 5, 8, 13 ... usw.

3. Liste auf, welche Schritte und Überlegungen zu solch einer Erkenntnis nötig waren.
   - Beobachtung der Natur
   - detailliertes Festhalten der Beobachtungen
   - vergleichende Beobachtungen (zwei Pflanzen)
   - Durchführung eines abschließenden Experimentes

4. Schlage die Definition von „Naturwissenschaft" im Lexikon nach und vergleiche diese mit deiner Liste aus Aufgabe 3.
   Als Naturwissenschaften versteht man sämtliche Wissenschaften, deren Arbeit auf einer empirischen Grundlage beruht und deren Gegenstand die Erforschung der Natur ist. Wissenschaftler verfolgen dabei das Ziel durch Messungen und Beobachtungen das Verhalten der Natur und deren Regelmäßigkeiten zu erkennen.

Die Hanse – eine friedliche Händlervereinigung?

Ihr seid wissenschaftliche Mitarbeiter des Archäologenteams von Frau Professorin Dr. Hanseatica. Dabei untersucht ihr verschiedene Fundstücke von Ausgrabungsstätten. Die Fundstücke, vor allem Briefe und Schiffswracks, sollt ihr analysieren, auswerten und eine Theorie aufstellen. Dazu müsst ihr einen Analysebericht anfertigen.

Liebe Frau,
zum Glück habe ich mich der Hanse angeschlossen. Nun kann ich im Konvoi fahren. Diese Hanseschiffe, auch Koggen genannt, mit ihrem einem Mast sind sehr imposant. Kein Pirat wagt es, mich jetzt zu überfallen. Bis bald!

Köln 1340

Lieber Freund,
ich werde die Nacht im Hansekontor in Bergen verbringen. Diese Kontoren sind echt spitze! In vielen Hansestädten sind diese gegründet worden. Dort können die Händler rechtlichen Schutz beantragen und übernachten. Sie sind quasi die Botschaften der Hanse in den verschiedenen Städten. Gibt es mit der Stadt oder anderen Händlern Probleme, so kümmert man sich dort um diese!

Bergen 1408

Liebe Frau,
heute findet der erste Hansetag in Lübeck statt. Dort werden Probleme besprochen, gemeinsame Interessen festgelegt und das Vorgehen gegen Konkurrenten behandelt.
Lübeck ist eine so mächtige Stadt, dass es kein Wunder ist, dass sie die Führungsstadt der Hanse ist.

Lübeck 1356

Lieber Bruder,
als Mitglied der Hanse habe ich nun mehr rechtlichen Schutz. Die Stadt London hat uns doch oft zu wenig für unsere Waren gegeben. Diese Zeiten sind vorbei, dank der Hanse! Gibt man uns das vereinbarte Geld nicht mehr, so stellen sämtliche Händler der Hanse den Handel mit der Stadt ein! Das werden sie wohl kaum riskieren.

Rostock 1380

Lieber Sohn,
der dänische König glaubt wohl, unseren Handel verhindern zu können. Lächerlich ist das! Wir haben so viel Geld, dass wir eine Armee aufstellen werden, um ihn zu besiegen. Nach diesem Krieg wird er es bereut haben, uns belästigt zu haben.

Riga 1361

Lieber Vater,
ich bin durch den Beitritt zur Hanse sehr reich geworden und auch die Stadt hat von dem Handel sehr profitiert. Ich bin in den Stadtrat gewählt worden mit vielen meiner Händlerkollegen. Nun wollen wir unsere Stadt selbstständig regieren und nicht mehr auf den Landesfürsten hören. Dieser möchte nur unser Geld, aber wir werden uns wehren.

Hamburg 1420

Die Hanse – eine friedliche Händlervereinigung?

Schiffsfunde		
Visby 	Lissabon 	Riga 
Malaga 	Helgoland 	La Coruna 
Wismar 	Bournemouth 	Rostock 
Nowgorod 	Barcelona 	Valencia 
Blackpool 	Stralsund 	Plymouth 
Bremen 	Portsmouth 	Danzig 
Kopenhagen 	Kiel 	Hamburg 

Die Hanse – eine friedliche Händlervereinigung?

Ausgrabungsbericht Teil 1

Analyse und Auswertung der Briefe

Schreibe auf, welche Informationen du den Briefen entnehmen kannst.

Die Hanse – eine friedliche Händlervereinigung?

Ausgrabungsbericht Teil 2

Eintragung der Fundorte

Trage in die Karte mithilfe eines Atlas die Fundorte der Briefe und Schiffswracks ein. Erläutere, weshalb man nicht alle Schiffsfunde eintragen muss.

Die Hanse – eine friedliche Händlervereinigung?

Schreibe auf, welche Informationen du den Briefen entnehmen kannst.

Es handelt sich hier um eine Händlervereinigung mit dem Namen Hanse, die zwischen 1340 und 1420 existent war. Die Hanse verfügte über eine Infrastruktur mit Kontoren und Konvois, die es den Händlern erlaubte, ein weitgespanntes Handelsnetz aufzubauen. Die Kogge, ein Einmaster, wurde zum Symbol der Hanse. Die Händler haben durch die Hanse Rechtsschutz und Schutz vor Piraten genossen. Einige Händler sind zu großem Reichtum gekommen und gewannen somit starken Einfluss in ihrer Stadt. Die Hansestädte wollten ihren gewonnen Reichtum nicht mit dem Landesfürsten teilen und strebten nach politischer Autonomie. Die wichtigste Hansestadt war Lübeck. Selbst vor Kriegen mit dem dänischen König scheute sich die Hanse nicht, wenn es um die Wahrung ihrer handelspolitischen Interessen ging.

Trage in die Karte mithilfe eines Atlas die Fundorte der Briefe und Schiffswracks ein.
Erläutere, weshalb man nicht alle Schiffsfunde eintragen muss.

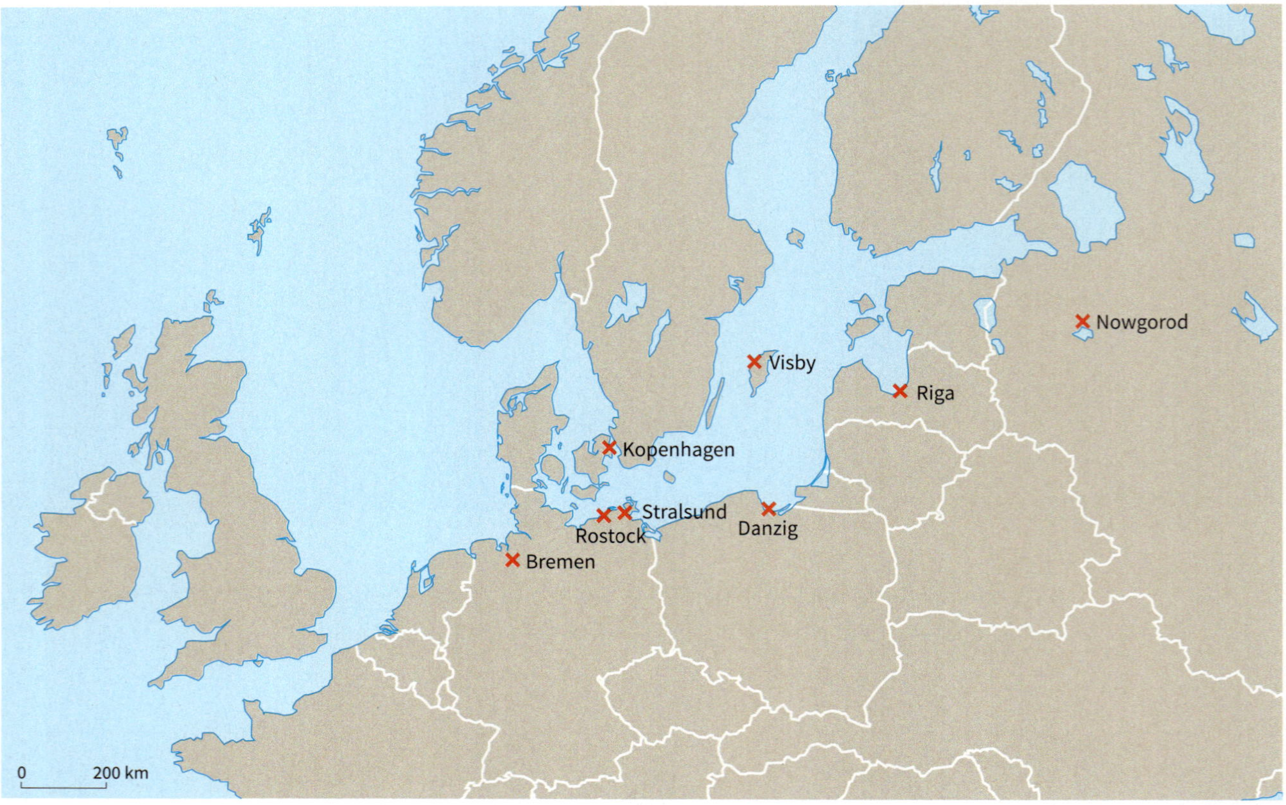

Man muss nur die Einmaster, sogenannte Koggen, eintragen. Denn diese waren typisch für die Hanse (siehe Brief Köln 1340). Die anderen Schiffswracks sind Galeonen, U-Boote, Drachenboote und Tanker und somit irrelevant für die Hanse. Man kann erkennen, dass sich die Hanse über die Ost- und Nordsee erstreckte.

Teste dein Wissen

Handel und Wandel

M	L	L	G	G	B	Q	P	M	F	F	F	T	P	X	U	B	W	S	J	O	O	I
D	H	P	L	I	U	Y	J	P	J	M	W	D	J	R	U	R	H	J	I	G	E	P
V	Q	L	P	R	R	D	O	U	P	G	Q	E	N	L	N	N	B	N	B	V	P	G
F	N	K	W	N	O	J	E	I	Y	D	T	U	P	F	A	T	I	M	J	M	J	K
T	L	E	K	Q	T	Z	Q	B	C	N	U	X	L	T	T	P	O	W	R	P	R	O
S	R	S	V	L	Ü	B	E	C	K	L	Z	P	L	M	U	W	F	M	O	G	I	G
L	E	O	S	Z	X	U	R	P	K	H	O	G	P	B	R	U	T	U	V	W	A	G
K	J	E	S	D	D	Ä	N	E	M	A	R	K	N	Q	W	P	N	P	P	I	T	E
E	T	W	Q	B	J	W	B	O	Y	K	O	T	T	F	I	B	O	N	A	C	C	I
H	U	F	R	E	C	H	T	S	S	C	H	U	T	Z	S	R	Q	C	Q	L	W	W
T	E	A	T	S	B	W	Q	D	V	H	V	R	D	M	S	B	Q	H	B	T	B	Y
P	J	I	L	C	P	D	T	J	D	Z	V	C	U	Y	E	S	B	F	W	D	F	W
H	B	H	C	H	U	S	G	C	K	O	N	V	O	I	N	W	L	F	P	M	K	H
D	L	R	J	M	P	P	W	T	X	T	V	E	D	B	S	I	Z	A	S	G	O	A
X	S	I	D	I	W	W	I	N	D	K	R	A	F	T	C	I	K	J	V	V	N	N
Y	X	Y	Q	E	Z	S	K	C	V	H	F	H	T	V	H	P	I	M	S	A	T	S
P	F	W	C	D	G	W	K	P	Y	U	I	V	S	J	A	V	X	X	L	T	O	E
S	E	N	R	E	M	M	Ä	H	M	V	R	A	Y	G	F	J	F	A	H	L	R	R
G	H	O	I	B	Q	T	O	T	H	Q	R	P	O	X	T	F	Y	V	B	W	L	E
Q	A	E	N	O	C	K	E	N	W	E	L	L	E	Z	R	L	L	L	Q	C	T	R
X	J	X	T	B	P	B	B	L	F	E	V	J	Y	U	Y	B	K	J	Q	R	G	X
M	Y	P	Y	W	I	F	D	F	P	V	G	S	O	E	Y	C	B	V	C	A	L	U
Q	D	Y	F	Q	Y	G	E	I	L	H	U	U	G	D	G	W	D	D	V	H	W	D

Diese Wörter sind versteckt:

① Naturwissenschaft
② Rechtsschutz
③ Nockenwelle
④ Fibonacci
⑤ Windkraft
⑥ Dänemark
⑦ Schmiede
⑧ Boykott
⑨ Hämmer
⑩ Konvoi
⑪ Kontor
⑫ Lübeck
⑬ Hanse
⑭ Kogge

Teste dein Wissen

Lösung für „Handel und Wandel“

M	L	L	G	G	B	Q	P	M	F	F	F	T	P	X	U	B	W	S	J	O	O	I
D	H	P	L	I	U	Y	J	P	J	M	W	D	J	R	U	R	H	J	I	G	E	P
V	Q	L	P	R	R	D	O	U	P	G	Q	E	N	L	N	N	B	N	B	V	P	G
F	N	K	W	N	O	J	E	I	Y	D	T	U	P	F	A	T	I	M	J	M	J	K
T	L	E	K	Q	T	Z	Q	B	C	N	U	X	L	T	T	P	O	W	R	P	R	O
S	R	S	V	L	Ü	B	E	C	K	L	Z	P	L	M	U	W	F	M	O	G	I	G
L	E	O	S	Z	X	U	R	P	K	H	O	G	P	B	R	U	T	U	V	W	A	G
K	J	E	S	D	D	Ä	N	E	M	A	R	K	N	Q	W	P	N	P	P	I	T	E
E	T	W	Q	B	J	W	B	O	Y	K	O	T	T	F	I	B	O	N	A	C	C	I
H	U	F	R	E	C	H	T	S	S	C	H	U	T	Z	S	R	Q	C	Q	L	W	W
T	E	A	T	S	B	W	Q	D	V	H	V	R	D	M	S	B	Q	H	B	T	B	Y
P	J	I	L	C	P	D	T	J	D	Z	V	C	U	Y	E	S	B	F	W	D	F	W
H	B	H	C	H	U	S	G	C	K	O	N	V	O	I	N	W	L	F	P	M	K	H
D	L	R	J	M	P	P	W	T	X	T	V	E	D	B	S	I	Z	A	S	G	O	A
X	S	I	D	I	W	W	I	N	D	K	R	A	F	T	C	I	K	J	V	V	N	N
Y	X	Y	Q	E	Z	S	K	C	V	H	F	H	T	V	H	P	I	M	S	A	T	S
P	F	W	C	D	G	W	K	P	Y	U	I	V	S	J	A	V	X	X	L	T	O	E
S	E	N	R	E	M	M	Ä	H	M	V	R	A	Y	G	F	J	F	A	H	L	R	R
G	H	O	I	B	Q	T	O	T	H	Q	R	P	O	X	T	F	Y	V	B	W	L	E
Q	A	E	N	O	C	K	E	N	W	E	L	L	E	Z	R	L	L	L	Q	C	T	R
X	J	X	T	B	P	B	B	L	F	E	V	J	Y	U	Y	B	K	J	Q	R	G	X
M	Y	P	Y	W	I	F	D	F	P	V	G	S	O	E	Y	C	B	V	C	A	L	U
Q	D	Y	F	Q	Y	G	E	I	L	H	U	U	G	D	G	W	D	D	V	H	W	D

Diese Wörter sind versteckt:

① Naturwissenschaft
② Rechtsschutz
③ Nockenwelle
④ Fibonacci
⑤ Windkraft
⑥ Dänemark
⑦ Schmiede
⑧ Boykott
⑨ Hämmer
⑩ Konvoi
⑪ Kontor
⑫ Lübeck
⑬ Hanse
⑭ Kogge

Baustein 6

Gesellschaft im Mittelalter

Überblick

In diesem Baustein finden Sie Arbeitsblätter über die mittelalterliche Gesellschaft sowie deren Außenseiter. Es gab viele verschiedene Randgruppen, mit denen in der mittelalterlichen Gesellschaft zumeist recht drastisch umgegangen wurde:

- **AB 1** liefert mithilfe der Leitfrage **Die mittelalterliche Gesellschaftsordnung – gleiches Recht für alle?** einen groben Überblick über die mittelalterliche Ständeordnung. Arbeitsblatt 1 S. 89
- **AB 2a** thematisiert unter der Stundenfrage **Der Scharfrichter – gebraucht und doch gemieden?** die Stellung dieses Berufstandes und die geschichtlichen Veränderungen in der Einstellung zur Strafe. Arbeitsblatt 2a S. 91 Das **AB 2b** greift die mittelalterlichen Bestrafungsmethoden mittels der Stundenfrage: **Strafen im Mittelalter – Leben wir heute in einer besseren Welt?** nochmals auf und stellt durch einen Bericht von Amnesty International einen Gegenwartsbezug her. Arbeitsblatt 2b S. 92
- **AB 3** untersucht die persönlichen Merkmale vermeintlicher Hexen und deren wirtschaftliche und soziale Stellung in der mittelalterlichen Gesellschaft unter der Stundenfrage **Hexerei – berechtigt verdächtigt?** Arbeitsblatt 3 S. 94
- Mithilfe des **AB 4** wird ein Blick auf eine fast vergessene Krankheit geworfen: die Lepra bzw. der Aussatz. Unter der Fragestellung **Menschen mit Lepra – lebende Tote im Mittelalter?** wird der Umgang mit den erkrankten Menschen zum Unterrichtsthema. Arbeitsblatt 4 S. 96
- Die Juden wurden im Mittelalter von einer beinahe gleichgestellten Minderheit zu verfolgten, vertriebenen und ermordeten Außenseitern. **AB 5** analysiert unter der Fragestellung **Die Juden – Warum wird eine religiöse Minderheit zum Sündenbock?** ihre gesellschaftliche Stellung. Arbeitsblatt 5 S. 97
- **Die Bettler – eine Gefahr für den braven Bürger?** Unter dieser Stundenfrage wird eine Bettelbeschränkung aus dem Jahre 1530 zum Unterrichtsinhalt (**AB 6**). Arbeitsblatt 6 S. 99

Sachanalyse

Die mittelalterliche Gesellschaft stellt eine Weiterentwicklung früherer Gesellschaftsformen dar, in welchen die Menschen zumeist rechtlich gleichgestellt und nicht sozial eingeteilt waren und durch wenige Anführer gelenkt wurden. Im Mittelalter waren die Menschen dagegen von Geburt an im rechtlichen Sinne strikt voneinander abgetrennt und profitierten von Vorrechten oder mussten Benachteiligungen in Kauf nehmen.

Gesellschaftsordnung

Im Jahre 1488 erschien in der Pronostacio des Astrologen Johannes Lichtenberger eine Darstellung der drei Stände und der ihnen zugewiesenen Aufgaben. Obwohl die mittelalterliche Ständeordnung nicht so strikt zementiert war wie hier abgebildet, lässt sie doch die rechtliche Stellung der Menschen erschließen und neben den Aufgaben den Lebensweg erahnen, welcher den jeweiligen Weg zum Seelenheil aufzeigt. Prinzipiell unterscheidet die mittelalterliche Ständegesellschaft zwischen Freien und Unfreien, also zwischen Herrschern und Beherrschten. Wie aus dem Holzschnitt von 1488 hervorgeht, wird von der Kirche die oben beschriebene Ordnung gepredigt, was implementiert, dass diese Ordnung gottgewollt sei. Dennoch sei nochmals darauf hingewiesen, dass ein „Wechsel“ durchaus möglich war, wenn auch die Geburt zunächst die Gruppe bestimmte, welcher man ange-

Stände im Mittelalter

hörte. Die Einteilung in die drei Stände Adel, Klerus und Bauern wurde von der Kirche seit dem 11. Jahrhundert propagiert. In dieser Form der Gesellschaftsordnung hatte jeder Stand seine spezielleren Aufgaben, wobei zu berücksichtigen ist, dass die einzelnen Stände durchaus aufeinander angewiesen waren. Die Realität zeigte allerdings eine Ausnutzung und Unterdrückung der Bauern. Im Spätmittelalter führte die zunehmende Zahl der Stadtgründungen zur Ausprägung eines weiteren Standes: den des Bürger.

Scharfrichter

Henker oder Scharfrichter galten im Mittelalter als unehrliche Berufe. Obwohl man sie aufgrund ihres Tätigkeitsfeldes brauchte, galt deren Berufsausübung als Sünde. Sie waren zuständig für Hinrichtungen und Folter und führten die verschiedenen Strafen, die sogenannten Körper- und Ehrenstrafen, aus. Zudem verdienten sie durch andere geächtete Aufgaben einen Nebenverdienst dazu. Die Scharfrichter separierte man deswegen zumeist von anderen Menschen; beispielsweise bekamen sie, falls sie überhaupt eingelassen wurden, im Wirtshaus einen eigenen Tisch zugewiesen. Auch konnten Scharfrichter in keine ehrbaren Familien einheiraten und mussten unter sich bleiben.

Bestrafung im Mittelalter

Die Strafgebung bzw. Rechtsprechung im Mittelalter wurde zumeist recht frei und regional sehr unterschiedlich gehandhabt. Oft waren Strafen auch symbolisch zu verstehen, d. h. sie spiegelten die Tat, was bedeutet, dass ein in etwa gleichwertiger Schaden zugefügt wurde (Talionsprinzip) oder eine ähnliche Tat künftig unmöglich gemacht werden sollte. Daher stammt die Legitimation, beispielsweise einem Dieb die Hand abzuschlagen. Es stand damit nicht die Besserung bzw. die Idee der Resozialisation des Delinquenten im Vordergrund, sondern die Vergeltung bzw. Rache oder das Büßen der begangenen Sünde, ganz im Sinne des Seelenheils des Verbrechers. Heutzutage hat die Freiheitsstrafe das Vollzugsziel, die rechtschaffene Lebensweise des Gefangenen zu forcieren, die Verwahrung gemeingefährlicher Verbrecher bzw. die Sicherungsverwahrung dient dem Schutz der Allgemeinheit im Sinne einer Präventivfunktion. Jedoch gibt es heute immer noch Staaten, die auf martialische Bestrafungsmethoden zurückgreifen, die aus unserer Sicht als Folter bezeichnet werden können. Amnesty International deckt regelmäßig solche Fälle auf.

Aberglaube

Gründe für Verfolgung

Die großen Hexenverfolgungen geschahen im Gegensatz zu der weit verbreiteten Annahme nicht in der Epoche des Mittelalters, sondern zw. 1450 – 1750, also allenfalls im Spätmittelalter und in der Frühen Neuzeit. Grundlagen dieser Entwicklung sind aber durchaus im Mittelalter zu finden, wobei zu konstatieren ist, dass nicht wie vielfach angenommen die Inquisition für viele Hexenprozesse verantwortlich war, sondern die Intellektuellen, Philosophen etc., die von neuen Vorstellungen über Hexerei und Satanskult überzeugt waren. Natürlich gab es einen Aberglauben im einfachen Volk, welcher aber erst von den herrschenden Eliten ausformuliert und übernommen werden musste. So bleibt die Frage offen, ob eine besondere wirtschaftliche und soziale Stellung vermeintlicher Hexen deren Verfolgung begünstigte und spezielle persönliche Merkmale bzw. Charaktereigenschaften einen Menschen zudem in Gefahr bringen konnten. Für weitere Informationen sei auf die wissenschaftlichen Quellentexte des Schülerarbeitsblattes verwiesen (**AB 2**). Die Ergebnisse der Beschäftigung mit diesem Thema schließlich beanspruchen ihre Gültigkeit sowohl für die Epoche des Mittelalters als auch für die Frühe Neuzeit.

Seuchen

Umgang mit Kranken

Die Lepra oder auch der Aussatz gehören zu den ältesten bekannten Krankheiten und sind bereits in altägyptischen Papyri belegt. Im europäischen Mittelalter verbreitete sich die Krankheit bis zu einem Höhepunkt im 13. Jahrhundert, die Ausbreitung wird oft als eine Begleiterscheinung der Kreuzzüge angesehen. Zu dieser Zeit gab es in manchen Regionen fast eine auf Erkrankte hin ausgerichtete „Infrastruktur" mit Leprösenhospitälern, Siechenhäusern, speziellen Friedhöfen etc. Wichtig war es vor allem, die Kranken von der übrigen Gesellschaft zu separieren; eine recht sichere Lepra-Diagnose gelang in der Regel. War die

Infektion nachgewiesen, wurden die Kranken mit spezieller Kleidung und Utensilien ausgestattet, um sie von weitem erkennen zu können. Zudem mussten sie mit einer Lepraratsche oder ähnlichem die Bevölkerung auf sich aufmerksam machen. Der Mensch verlor mit seiner Diagnose seine bürgerlichen Rechte, mehr noch, er galt in der Gesellschaft als gestorben, er wurde vertrieben und sein Vermögen unter den Erben geteilt. Auch musste er sich an spezielle Regeln halten, welche dem Schutz der Allgemeinheit galten. Da aber die Krankheit im Mittelalter als eine Strafe Gottes angesehen wurde, hatten viele dieser Maßnahmen höchstens einen symbolischen Charakter und keinerlei Wirkungsweise im medizinischen Sinne. Im Spätmittelalter lockerten sich diese Vorschriften langsam.

Gesellschaftliche Stellung

In der Schedelschen Weltchronik von 1493 (siehe einleitende Informationen auf dem Schülerarbeitsblatt **AB 4**) ist ein illustriertes Blatt zur Judenfeindlichkeit zu finden. Abgebildet ist eine Gruppe von Juden, die in einer Grube verbrannt werden. Daneben ist der Text formuliert, der sich mit wenigen Ergänzungen und Auslassungen originalgetreu auf dem Schülerarbeitsblatt befindet. In der Textquelle kommen zwei der typischen Vorwürfe, die den Juden zur Zeit der Pestpogrome gemacht wurden, zur Sprache: die Hostienschändung und das Vergiften der Brunnen. Lebten die Juden doch, entgegen weitverbreiteter Meinung, jahrhundertelang oft gleichberechtigt und sicher, waren sie seit den Versuchen der kirchlichen Würdenträger, die Juden den Christen unterzuordnen, ihres Lebens nicht mehr sicher und wurden insbesondere während den Kreuzzügen und der Pest massenhaft verfolgt und ermordet. Die überlebenden Juden wurden immer mehr zu Außenseitern der mittelalterlichen Gesellschaft.

Antisemitismus

Vorwürfe

Reglement

Der Bettler war im Mittelalter nicht per se schlecht angesehen: war ein Mensch ohne eigenes Verschulden in eine missliche Situation geraten, so war ihm das Betteln ausdrücklich erlaubt und er konnte auf Gaben hoffen, die allerdings nicht uneigennützig gegeben wurden: die Menschen erkauften sich durch ihre Spende ihr Seelenheil und taten Buße für begangene Sünden. Als sich jedoch im Spätmittelalter infolge von Kriegen und Krankheiten die Zahl der Bedürftigen dramatisch zu erhöhen begann und das Betteln immer aggressivere Formen annahm und sich zu marodierend umherziehenden Gruppen steigerte, versuchte man sich durch Bettelordnungen bzw. -Beschränkungen strafrechtlich zu schützen. Stadträte und Landesherren gaben zudem offizielle Bettelerlaubnisse in Form von Abzeichen oder Münzen heraus, die den Bettler offiziell legitimierten und dafür sorgen sollten, dass die Almosen bei den wirklich Bedürftigen auch ankommen.

Bettler

Methodisch-didaktische Analyse

Ein Überblickswissen über die mittelalterliche Ständeordnung soll mithilfe eines Holzschnittes (**AB 1**) unter der Leitfrage **Die mittelalterliche Gesellschaftsordnung – gleiches Recht für alle?** generiert werden, welchen die Schülerinnen und Schüler in Form eines Puzzles erhalten. Das Zusammensetzen erzwingt die genaue Betrachtung und leitet zu den Aufgaben über.

AB 1
Leitfrage

Die Beschäftigung mit der Gesellschaft und den Außenseitern des Mittelalters erfolgt in diesem Baustein mittels überschaubarer, exemplarischer Quellen. Mithilfe des **AB 2a** wird der Beruf des Scharfrichters zum Thema. Dazu soll zunächst – mündlich oder schriftlich – anhand eines Stiches ein (natürlich unvollständiger) Überblick über die vielfältigen Aufgaben dieses Berufsstandes erarbeitet werden. Die folgenden Fragestellungen sind recht anspruchsvoll und damit eher für eine Partner- oder Gruppenarbeit geeignet. Nach erfolgter Besprechung der Aufgabe 4 bietet es sich an, die Stundenfrage durch die Klasse beantworten zu lassen: **Der Scharfrichter – gebraucht und doch gemieden?** Das Arbeitsblatt **2b** greift nochmals die mittelalterlichen Bestrafungsmethoden auf. Zunächst sollen die

AB 2a

Leitfrage
AB 2b

Lernenden eine Teilbeschreibung des Bildes anfertigen. Zudem haben sie die Aufgabe, über Sinn und Zweck der Bestrafungen zu diskutieren. Nun folgt der Gegenwartsbezug. Mittels des Berichtes über syrische Flüchtlinge kann abschließend die Stundenfrage:
Leitfrage **Strafen im Mittelalter – Leben wir heute in einer besseren Welt?** erfolgen.

AB 3 Das **AB 3** präsentiert den Schülerinnen und Schülern zwei kurze wissenschaftliche Texte zu den Hexen im Mittelalter bzw. zu soziologischen und wirtschaftlichen Aspekten, welche eine Verfolgung begünstigten. Neben der Textarbeit (Aufgabe 1 und 2) steht der Gegenwartsbezug im Vordergrund (Aufgabe 3), da die Beschäftigung mit diesen speziellen Aspekten der Vergangenheit ein Verständnis aktueller Gegebenheiten fördern kann und
Leitfrage dadurch seine Berechtigung im Geschichtsunterricht erhält. Die Stundenfrage **Hexerei – berechtigt verdächtigt?** ermöglicht eine abschließende Diskussion auf Grundlage der Arbeitsergebnisse.

AB 4 Eine mittelalterliche Leprösenvorschrift (**AB 4**) regt zur Beschäftigung mit frühen Verhaltensvorschriften für erkrankte Menschen an. Auf der Grundlage der Textquelle entscheiden die Lernenden sich individuell für drei Vorschriften, die das Leben der Menschen besonders beeinträchtigten und drei Vorschriften, die sie als besonders sinnvoll erachten (Aufgabe 1 und 2). An dieser Stelle kann bereits eine erste Diskussion stattfinden, da die Schülerinnen und Schüler ihre Wahl in einem Klassengespräch begründet vortragen können und ihre Entscheidung so bestätigt oder hinterfragt werden kann. Die kreative Aufgabe des Briefeschreibens (Aufgabe 3) regt sie zur Beschäftigung mit tradierten Denkmustern an, während die abschließende Aufgabe 4 einen Gegenwartsbezug ermöglicht. Die Aufgaben 3 und 4
Hausaufgabe bieten sich insbesondere auch als Hausaufgabe an. Im anschließenden Unterrichts-
Leitfrage gespräch schließt die Stundenfrage **Menschen mit Lepra – lebende Tote im Mittelalter?** die Beschäftigung mit dieser Gruppe von „Außenseitern" ab.

Der Umgang mit der religiösen Minderheit der Juden geschieht mittels eines Quellentextes
AB 5 aus der Schedelschen Weltchronik in Frühneuhochdeutsch (**AB 5**). Eine Übersetzung wird den Schülerinnen und Schülern nicht dargeboten, ist aber für das Verständnis auch nicht zwingend notwendig. Die Quelle soll dadurch etwas von ihrem ursprünglichen Charakter beibehalten und zum genauen Lesen und Erschließen motivieren. So können die Aufgaben 1 und 2 aus dem Quellentext selbst erarbeitet werden; eine Einzel- oder eine Partnerarbeit
Leitfrage bietet sich hierfür an. Die Stundenfrage **Die Juden – Warum wird eine religiöse Minderheit zum Sündenbock?** kann bereits an dieser Stelle oder im Anschluss an die Aufgabe 3 gestellt werden, mithilfe derer wiederum ein Transfer hergestellt wird, indem die soziale Rolle des Sündenbocks diskutiert wird.

AB 6 Die Bettler als letzte Gruppe von Außenseitern in diesem Baustein (**AB 6**) dürfte den Schülerinnen und Schülern am ehesten durch persönliche Erfahrungen bekannt sein. Die leicht aufbereitete Bettelbeschränkung von 1530 beinhaltet überkommene (oder eben nicht überkommene) Vorschriften; diese sollen erarbeitet und in Auswahl bewertet werden. Hier bietet sich bereits eine Diskussion an. Aufgabe 3 fragt nach einer möglichen Stigmatisierung mithilfe eines Bettelabzeichens, dieses wird den Lernenden auf dem AB visuell präsentiert. Den Abschluss bildet die Wahl zwischen zwei Aufgabenstellungen (4a oder 4b), mithilfe derer ein Bezug zur Lebenswirklichkeit der Schülerinnen und Schüler hergestellt wird. Die
Leitfrage abschließende Stundenfrage **Die Bettler – eine Gefahr für den braven Bürger?** kann nun erörtert werden.

Die mittelalterliche Gesellschaftsordnung – gleiches Recht für alle?

Im Mittelalter waren die Menschen von Geburt an im rechtlichen Sinne strikt voneinander abgetrennt und profitierten von Vorrechten oder mussten Benachteiligungen in Kauf nehmen. Die unterschiedlichen Gruppen bezeichnet man als Stände, die Einteilung der Gesellschaft entsprechend als Ständeordnung: Der erste Stand waren die Geistlichen (**Klerus**), der zweite Stand die weltlichen Herrscher (**Adel**) und der dritte Stand die Bauern. Setze das Puzzle richtig zusammen und du kannst die einzelnen Stände erkennen.

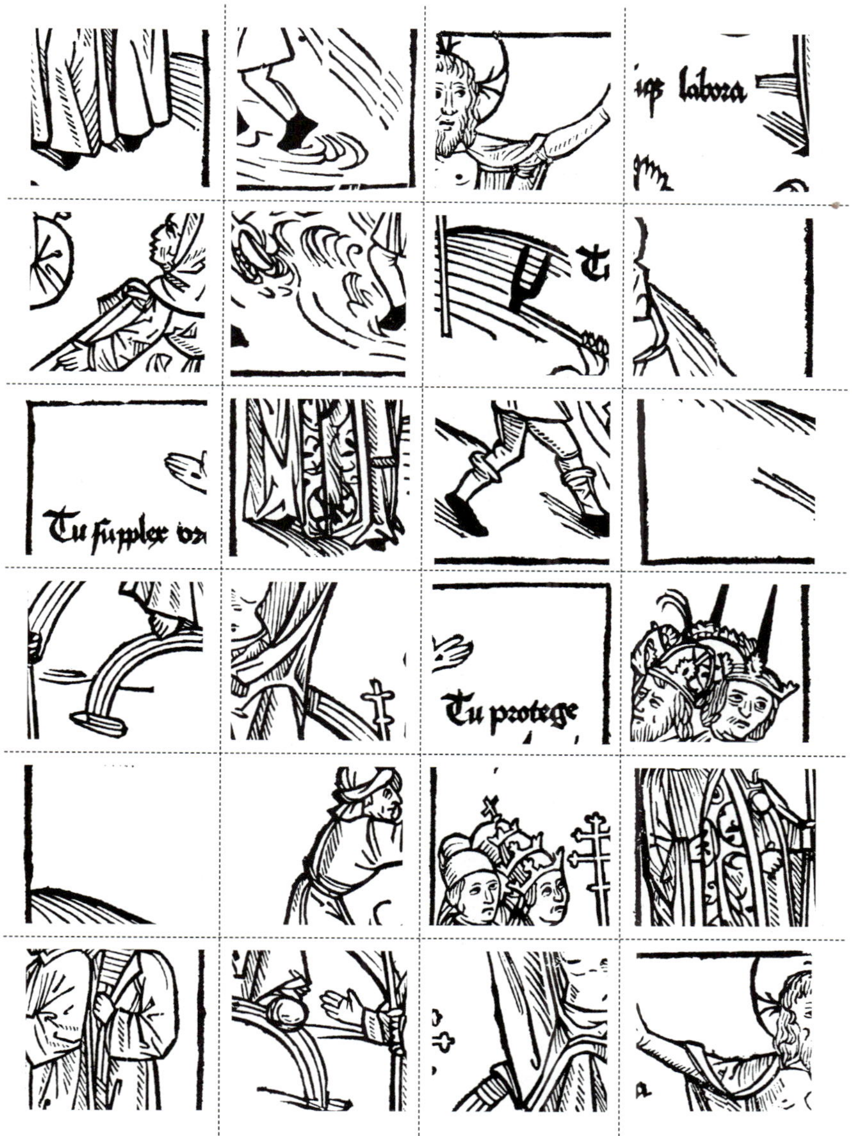

Pronostacio des Astrologen Johannes Lichtenberg (1488)

1. Beschreibe, was auf der Abbildung zu erkennen ist.

2. Erläutere, welche Wirkung diese Abbildung auf einen mittelalterlichen Betrachter gehabt haben könnte. Beziehe die Figur in der Mitte mit ein.

3. Die Figur in der Mitte richtet die Worte „Tu supplex ora“ (Du bete demütig), „Tu protege“ (Du beschütze) und „Tuque labora“ (Und du arbeite) an die drei Gruppen.
   a) Erläutere, mit welchen Folgen zu rechnen ist, wenn man sich nicht an die Anweisungen hält.
   b) Im mittelalterlichen Alltag konnte die Ständezugehörigkeit durchaus durchbrochen werden. Überlege, wer dennoch an einer undurchdringlichen Gesellschaftsordnung großes Interesse gehabt haben könnte.

Die mittelalterliche Gesellschaftsordnung – gleiches Recht für alle?

1. Beschreibe, was auf der Abbildung zu erkennen ist.
Vor einem stilisierten Hintergrund befindet sich in der oberen Bildmitte Jesus Christus, der auf zwei Regenbogen sitzt und mit ausgebreiteten Armen jeweils drei Personengruppen Aufgaben zuweist. Bei der ersten Gruppe links handelt es sich um den Klerus bzw. die geistliche Macht, erkennbar an den Gewändern und den Kopfbedeckungen. Zudem wird an sie die Aufforderung: „Tu supplex ora“ (Du bete demütig) gerichtet. Bei der Gruppe rechts, welche auf gleicher Höhe verordnet ist, handelt es sich um die weltlichen Fürsten, die von Christus mit der Aufgabe „Tu protege“ (Du beschütze) betraut werden. Im unteren Bildabschnitt befindet sich die Gruppe der Bauern, dargestellt durch zwei Menschen bei der Feldarbeit. „Tuque labora“ wird ihnen befohlen (und du arbeite).

2. Erläutere, welche Wirkung diese Abbildung auf einen mittelalterlichen Betrachter gehabt haben könnte. Beziehe die Figur in der Mitte mit ein.
Der in seinem christlichen Glauben verankerte mittelalterliche Mensch wird erkennen, dass Jesus Christus bzw. Gott die Welt erschaffen und damit auch jedem Menschen seine Aufgabe zugewiesen hat, welche dieser bestmöglich erfüllen sollte, um ein gottgefälliges Leben zu führen und Eingang ins Paradies zu finden.

3. Die Figur in der Mitte richtet die Worte „Tu supplex ora“ (Du bete demütig), „Tu protege“ (Du beschütze) und „Tuque labora“ (Und du arbeite) an die drei Gruppen.

a) Erläutere, mit welchen Folgen zu rechnen ist, wenn man sich nicht an die Anweisungen hält.
Der Mensch muss damit rechnen, von den herrschenden Ständen bestraft zu werden.
Der Mensch muss zudem damit rechnen, von Gott bestraft zu werden, wenn er den vorgegeben Weg verlässt.

b) Im mittelalterlichen Alltag konnte die Ständezugehörigkeit durchaus durchbrochen werden. Überlege, wer dennoch an einer undurchdringlichen Gesellschaftsordnung großes Interesse gehabt haben könnte.
Vor allem dem Klerus und dem Adel war daran gelegen, ihre privilegierte Stellung zu behaupten.

Der Scharfrichter – gebraucht und doch gemieden?

Die Scharfrichter (Wortherkunft: mit der Schärfe des Schwertes Richtender) waren im Mittelalter zuständig für Hinrichtungen und zur Geständniserzwingung durch Folter. Zudem waren sie für die sogenannten Körperstrafen zuständig, die den Verurteilten Schmerzen zufügen sollten. Daneben wurden noch Ehrenstrafen vollstreckt, die demütigen oder bloßstellen sollten (z. B. öffentliches Zuschaustellen des Verurteilten). Oftmals war die Schande des Verurteilten dadurch so groß, dass er seine Ehre verlor, kein normales Leben in der Gemeinschaft mehr führen konnte und die Gegend verlassen musste.

1. Zähle die Tätigkeiten auf, welche in der Bildquelle von den Scharfrichtern ausgeführt werden.
2. Erkläre, warum man die Menschen auf eine solche grausame Art und Weise bestrafte.
3. Versucht zu erklären, was man heutzutage mithilfe einer Strafe erreichen möchte. Inwiefern haben im Laufe der Zeit Veränderungen stattgefunden?
4. Der Beruf des Scharfrichters galt als unehrlicher Beruf. Beispielsweise mussten sie im Wirtshaus an einem besonderen Tisch sitzen. Stelle Vermutungen darüber an, warum dies so gewesen sein könnte.

Strafen im Mittelalter – Leben wir in einer besseren Welt?

Folter ist international geächtet. Dennoch wird weltweit gequält – aktuell zum Beispiel in Syrien. Die Folgen für die Betroffenen sind dramatisch, denn nicht nur ihre Körper sind geschunden, sondern vor allem ihre Seelen – und sie bleiben es oft ein Leben lang.

In Jordanien hat die NGO[1] Amnesty International in den vergangenen Monaten Dutzende syrische Flüchtlinge interviewt, die vor dem Assad-Regime und dem syrischen Bürgerkrieg geflohen waren. Am 14. März erschien nun ein Bericht der Organisation: In Syrien werden inhaftierte Oppositionelle offenbar systematisch gefoltert. Von 31 Methoden der Tortur spricht Amnesty International. Schläge, Auspeitschungen, Elektroschocks und Vergewaltigungen – auch von Männern – nannten die Gequälten besonders häufig. Die Methoden haben sich dabei im Vergleich zu denen in vergangenen Jahrhunderten nicht nur technisch weiterentwickelt. [...]. Oft sollen – wie in Syrien – Oppositionelle eingeschüchtert werden. Dazu wird mit eher leichten Folterungen begonnen und der Wille des Opfers schrittweise gebrochen. Oft erleben Folteropfer das Alleinsein nach der Quälerei als schlimmer, denn die durchlebten Schmerzen selbst. Von der sogenannten „Weißen Folter" abgesehen, die keine Spuren am Gequälten hinterlässt – zum Beispiel in Form von Schlafentzug oder Scheinhinrichtungen –, hat Folter normalerweise auch körperliche Folgen. Doch während diese nach dem Ende der Torturen oft mit der Zeit verheilen, leiden die Betroffenen meist ihr Leben lang an den seelischen Verletzungen, die ihnen angetan wurden.

Florian Wieckert, Folter: Gezielte Zerstörung der Persönlichkeit, 21.03.2012, online: http://uni.de/redaktion/folter [23.4.2016]

1. Suche dir in der Abbildung zwei Situationen heraus und beschreibe diese.
2. Führe aus, wie die Abbildung auf dich wirkt und welchen Eindruck solche Strafen und Folterungen bei den mittelalterlichen Menschen hinterlassen haben müssen.
3. Erkläre mithilfe des Textes, weshalb Menschen heutzutage gefoltert werden und worin der Unterschied zum Mittelalter liegt.
4. In der Öffentlichkeit wird immer wieder darüber diskutiert, ob Folter in bestimmten Ausnahmefällen zulässig sein sollte. Nimm zu dieser Thematik kritisch Stellung.

---

[1] Non Governmental Organisation = Nichtregierungsorganisation

Strafen im Mittelalter / Der Scharfrichter

➡ Zu AB 2a

1. Zähle die Tätigkeiten auf, welche in der Bildquelle von den Scharfrichtern ausgeführt werden.
- Verbrennen eines Menschen (Scheiterhaufen)
- Erhängen eines Menschen (Galgen)
- Rädern eines Menschen
- Augen ausstechen
- Hände abschlagen

2. Erkläre, aus welchem Grund man die Menschen auf eine solche grausame Art und Weise bestrafte.
Die Schülerinnen und Schüler können anführen, dass die Art und Weise der Bestrafung Rückschlüsse über deren Zweck zulässt. Es kann vermutet werden, dass die harten Strafen der Abschreckung dienten. Wichtiger ist jedoch, dass die Vergeltung für begangenes Unrecht im Vordergrund stand, oft wurden daher Strafen ausgewählt, die das Unrecht spiegelten. Durch Todesstrafen wurde der Verurteilte von seinen Sünden gereinigt.

3. Versucht zu erklären, was man heutzutage mithilfe einer Strafe erreichen möchte. Inwiefern haben im Laufe der Zeit Veränderungen stattgefunden?
Heute geht es nicht um Vergeltung, sondern die Strafe soll zur Besserung des Täters beitragen. Ziel ist es, den Verurteilten wieder in die Gesellschaft zu integrieren (Resozialisation).

4. Der Beruf des Scharfrichters galt als unehrlicher Beruf. Beispielsweise mussten sie im Wirtshaus an einem besonderen Tisch sitzen. Stelle Vermutungen darüber an, warum dies so gewesen sein könnte.
Individuelle Schülerantwort. Es kann vermutet werden, dass die Aufgaben des Scharfrichters als Sünde oder zumindest als unmoralisch galten. Zudem könnten die Menschen Angst vor Unheil o. ä., ausgelöst durch den Umgang mit diesen Menschen, gehabt haben.

➡ Zu AB 2b

1. Suche dir in der Abbildung zwei Situationen heraus und beschreibe diese.
Individuelle Schülerantwort.

2. Führe aus, wie die Abbildung auf dich wirkt und welchen Eindruck solche Strafen und Folterungen bei den mittelalterlichen Menschen hinterlassen haben müssen.
Folgende Antworten sind denkbar: Folter und Strafen werden als demütigend, schmerzhaft, brutal, abschreckend, unverhältnismäßig, gerecht, aber auch notwendig etc. empfunden.

3. Erkläre mithilfe des Textes, weshalb Menschen heutzutage gefoltert werden und worin der Unterschied zum Mittelalter liegt.
Die moderne Folter dient in erster Linie dazu, die Menschen einzuschüchtern und deren Willen zu brechen. Während körperliche Folgen der Folter nach Ende der Torturen mit der Zeit verheilen, leiden die Betroffenen ihr Leben lang an den seelischen Verletzungen, die ihnen angetan wurden.

4. In der Öffentlichkeit wird immer wieder darüber diskutiert, ob Folter in bestimmten Ausnahmefällen zulässig sein sollte. Nimm zu dieser Thematik kritisch Stellung.
Individuelle Schülerantwort.

Hexerei – berechtigt verdächtigt?

Brian P. Levack, Professor für Geschichte an der Universität von Texas, schreibt über die persönlichen Merkmale der als Hexen verfolgten Frauen:

Die Hexe war gewöhnlich in ihrem Dorf keine Fremde, aber sie war auch kein typisches Gemeindemitglied. Älter und ärmer als der Durchschnitt, meist unverheiratet, hielt sie es weder mit den traditionellen Verhaltensnormen der Einwohner ihrer Gemeinde noch mit denen ihres Geschlechts. Sie widersetzte sich durch Wort und Tat den zeitgenössischen Normen von Fügsamkeit und Häuslichkeit der Frau und verstieß gegen das Idealbild von der guten christlichen Ehefrau und Mutter. Verschroben, mürrisch und oft verbittert über ihre Not, erregte sie Aufsehen und weckte Feindseligkeit, Verdächtigungen und Ängste. Manchmal, wenn auch nicht immer, zeigte sie auch physische Auffälligkeiten, womit sie ebenfalls von der Norm abwich. Für Reginald Scot waren Hexen „meist alt, lahm, triefäugig, bleich, übelriechend und voller Runzeln...hager und mißgestaltet, mit trübsinnigem Gesicht, ein Horror für alle, die sie erblicken". Mit der Verfolgung solcher Menschen eliminierte die herrschende Elite wohl kaum Abweichler oder Rebellen im traditionellen Sinne des Wortes, aber sie sicherte dadurch – vielleicht unbewusst – die Homogenität[1] und möglicherweise auch die Harmonie in ihren Gemeinden.

Brian P. Levack: Hexenjagd. Die Geschichte der Hexenverfolgung in Europa. Übers. Ursula Scholz. 3. Auflage. Verlag C. H. Beck München 2009, S. 150 f.

1. Charakterisiere in eigenen Worten die typische Frau, welche als Hexe verfolgt wurde.
2. Erläutere, warum diese Auffälligkeiten nach Meinung des Autors zu einer Verfolgung als Hexe führen konnten.
3. In Deutschland finden heutzutage keine Hexenverfolgungen mehr statt. Überlege dir, aus welchen Gründen heute jemand zum Außenseiter werden und Probleme bekommen kann. Begründe, wie man sich in solchen Situationen als Beobachter oder Betroffener verhalten sollte.

An anderer Stelle schreibt der Professor über die wirtschaftliche und soziale Stellung der „Hexen":

Zweifellos brach die Hexenverfolgung zu einer Zeit aus, da bittere Armut ein weitverbreitetes Phänomen war. Die Hauptursache dieser unerfreulichen Entwicklung lag im dramatischen Anwachsen der europäischen Bevölkerung vom späten 15. bis zum frühen 17. Jahrhundert. Wegen des Überangebotes an Arbeitskräften sanken die Reallöhne drastisch. Gleichzeitig herrschte eine Inflationsrate, wie man sie zuvor noch nie erlebt hatte [...]. Der Niedergang traf zwar alle, am härtesten aber Menschen, die am äußersten Rande der Gesellschaft lebten, also diejenigen, die zur Mehrheit der Opfer der großen Hexenjagd zählten. [...] Da alle Menschen den wirtschaftlichen Niedergang fürchteten, sank ihre Hilfsbereitschaft und Toleranz gegenüber den Armen, und umso schneller richteten sie Beschuldigungen gegen andere, um ihre eigene prekäre Stellung in der Gesellschaft zu verteidigen. Wie Alan Macfarlane bei der Untersuchung zahlreicher englischer Hexenprozesse herausfand, waren die Gemeinden in einigen Fällen kaum noch bereit, den Armen die von den religiösen und sozialen Lehren geforderte Hilfe zu gewähren. In anderen Fällen gingen Intoleranz und Anschuldigungen darauf zurück, dass die Armen den Anklägern nur allzu deutlich vor Augen führten, was aus ihnen selbst in solchen Zeiten werden konnte.

Brian P. Levack: Hexenjagd. Die Geschichte der Hexenverfolgung in Europa. Übers. Ursula Scholz. 3. Auflage. Verlag C. H. Beck München 2009, S. 146 f.

1. Arbeite aus der Textquelle heraus, warum Armut zurzeit der Hexenverfolgungen ein weitverbreitetes Phänomen war.
2. Erkläre in eigenen Worten, welche Antworten im Text zur Frage gegeben werden, warum in diesen wirtschaftlich schweren Zeiten die Toleranz gegenüber armen Menschen abnahm.
3. Nimm Stellung zu der Frage, ob arme Menschen heutzutage noch diskriminiert werden.

---

[1] Homogenität = in etwa *gleiche Beschaffenheit*

Hexerei – berechtigt verdächtigt?

Brian P. Levack, Professor für Geschichte an der Universität von Texas, schreibt über die persönlichen Merkmale der als Hexen verfolgten Frauen:

1. Charakterisiere in eigenen Worten die typische Frau, welche als Hexe verfolgt wurde.
   Individuelle Schülerlösung, bei welcher deutlich werden sollte, dass die typische „Hexe" eine Außenseiterin war, die sich mit oder ohne Absicht von der Gemeinschaft separierte bzw. von dieser separiert wurde und ihr damit u. a. Neid, Verachtung oder Angst entgegenschlugen.

2. Erläutere, warum diese Auffälligkeiten nach Meinung des Autors zu einer Verfolgung als Hexe führen konnten.
   Der Autor führt aus, dass diese Frauen „ein Horror für alle [waren], die sie erblicken". Man nahm Anstoß an abnormen Auffälligkeiten und wollte eine Gemeinschaft, in der alle Menschen sich gleich und regelkonform verhielten und Störungen durch einzelne Mitglieder vermieden werden.

3. In Deutschland finden heutzutage keine Hexenverfolgungen mehr statt. Überlege Dir, aus welchen Gründen heute jemand zum Außenseiter werden und Probleme bekommen kann. Begründe, wie man sich in solchen Situationen als Beobachter oder Betroffener verhalten sollte.
   Individuelle Schülerantwort.

An andere Stelle schreibt der Professor über die wirtschaftliche und soziale Stellung der „Hexen":

1. Arbeite aus der Textquelle heraus, warum Armut zurzeit der Hexenverfolgungen ein weitverbreitetes Phänomen war.
   Im ausklingenden Mittelalter kam es zu einem dramatischen Anwachsen der europäischen Bevölkerung. Da recht plötzlich viele Arbeitskräfte zur Verfügung standen, sanken die Reallöhne drastisch. Gleichzeitig herrschte eine besonders hohe Inflationsrate vor, Lebensmittel usw. wurden schnell teurer.

2. Erkläre in eigenen Worten, welche Antworten im Text zur Frage gegeben werden, warum in diesen wirtschaftlich schweren Zeiten die Toleranz gegenüber armen Menschen abnahm.
   In eigenen Worten soll dargelegt werden, dass man aus Angst vor dem eigenen wirtschaftlichen Niedergang die Hilfsbereitschaft einschränkte und man seine eigene prekäre Stellung behaupten wollte, d. h. auch Konkurrenten beschuldigte. Zudem sah man in den Armen die Situation, in welche man sehr leicht selbst geraten konnte. Diesen „Anblick" wollte man vermeiden zu ertragen.

3. Nimm Stellung zu der Frage, ob arme Menschen heutzutage noch diskriminiert werden.
   Individuelle Schülerantwort.

Menschen mit Lepra – lebende Tote im Mittelalter?

Lepra ist eine Infektionskrankheit, welche im Mittelalter weit verbreitet war und heute als heilbar gilt. Der Erkrankte bekommt bei schwerem Verlauf auf der Haut Flecken und Knoten. Der Tastsinn und das Schmerzempfinden sind eingeschränkt, was oft Verletzungen und Verstümmelungen begünstigt. Erkrankte Menschen separierte man früher von der Gemeinschaft, daher auch die veraltete Bezeichnung „Aussatz“ – die Menschen waren ausgesetzt. Regional wurde sehr unterschiedlich mit den Betroffenen umgegangen: wurde durch eine Untersuchung, der sogenannten Lepra-Schau, die Krankheit bestätigt, musste der Erkrankte beispielsweise die Gemeinschaft verlassen, auch gab es spezielle Hospitäler. Aus solch einem Hospital aus Trier ist eine Vorschrift erhalten: Den neu Erkrankten wurden die Haare geschoren, sie bekamen eine spezielle Kleidung verpasst und ihnen wurde schließlich Folgendes vorgelesen:

1) Es ist dir verboten, jemals in die Kirchen, auf den Markt, in die Mühle, an den Backofen und in die Volksversammlungen zu gehen.
2) Es ist dir verboten, deine Hände, und was du sonst zu waschen nötig hast, in Quellen und Rinnen von irgendwelchem Wasser zu waschen, und wenn du trinken willst, so sollst du das Wasser mit deinem Becher oder irgendeinem anderen Gefäße schöpfen.
3) Ich gebiete dir außerdem, nur einherzugehen in deinem Leprosenanzuge, damit du von anderen erkannt werden kannst, und du sollst nicht barfuß außerhalb des Hauses gehen.
4) Ich lege dir ans Herz, daß du nicht irgendeine Sache, die du kaufen willst, wo es auch sei, anrührest, sondern diese nur mit einer Gerte oder einem Stäbchen berührest, damit man erkenne, was für eine Sache es sei.
5) Ferner trage ich dir auf, daß du nicht in ein Wirtshaus oder in andere Häuser gehest, und wenn du Wein kaufst oder was dir sonst gereicht wird, so tue es in dein Fläschchen.
6) Ferner befehle ich dir, nicht mit irgendeinem Weibe, auch nicht mit deiner Frau, umzugehen.
7) Ferner befehle ich dir, wenn auf dem Wege dir jemand begegnet und dich befragt, daß du nicht antwortest, bis du aus der Windrichtung gegangen bist, damit er nicht von dir den Tod empfange, und du sollst nicht geraden Weges auf jemanden zugehen.
8) Ferner befehle ich dir, daß, wenn du über einen Steg oder über ein Wasser gehen mußt oder auch anderswohin, daß du nicht die Balken oder das Geländer anrührest, bevor du nicht deine Handschuhe angezogen hast.
9) Ferner befehle ich dir, daß du keine Kinder oder irgendwelche andere junge Leute anrührest und ihnen etwas von deiner Habe gibst.
10) Ferner befehle ich dir, daß du in Gesellschaft anderer Leute nicht essest und trinkest, sondern nur mit Aussätzigen, und wisse, daß, wenn du in deinem Hause gestorben sein wirst, du nicht in der Kirche beigesetzt werden wirst.

Maike Vogt-Lüerssen: Die Lepra und ihre Folgen im Mittelalter, in: www.kleio.org/de/geschichte/mittelalter/alltag/kap_x51/ [18.06.2016]

1. Entscheide dich für drei Vorschriften aus der Quelle, welche für die Erkrankten eine besonders schwere Einschränkung des Lebens bedeuteten und begründe deine Wahl.
2. Entscheide dich für drei Vorschriften, welche du als besonders sinnvoll erachtest. Begründe auch warum.
3. Im Mittelalter wurde eine Krankheit als Strafe Gottes verstanden. Der Kranke galt somit als ein schlechter Mensch. Verfasse aus heutiger Sicht einen Brief an die Menschen der Vergangenheit, in welchem du diesen Glauben kritisierst.
4. Nehme Stellung zu der Frage, ob auch heutzutage kranke Menschen noch Angst vor Ausgrenzung haben müssen.

Die Juden – Warum wird eine religiöse Minderheit zum Sündenbock?

Die Schedelsche Weltchronik wurde von Hartmann Schedel im Jahre 1493 veröffentlicht. Die Chronik reicht von der Erschaffung der Welt und geht bis in das Jahr 1493. Sie liefert in chronologischer Reihenfolge Einträge zu historischen Ereignissen und Personen, Mythen und Wundern sowie zu geographischen Aspekten. Ursprünglich in Latein verfasst, wurde die reichlich bebilderte Chronik kurz nach dem Erscheinen ins Frühneuhochdeutsche übersetzt.

1. Kannst du dir den Inhalt zu den Jahren 1337 und 1348 erschließen?

DAs ellend iamerig und trostlose volck der iuden hat nach der gepurt cristi M.ccc.xxxvij. iar [=1337] zu Deckendorff an der thonaw im bayerland zu verschmehung unnd belachung der goetlichen mayestat unnd hohwirdigkeit desselben unsers herrnn Jhesu cristi und unsers heilligen cristenlichen glawbens das allerhailligst sacrament[1] vilfeltigclich gestochen, darnach in einen glueenden ofen gelegt unnd zu letst – als er unversert blibe – auff eim anpays mit hemern geschlagen. Als aber auß goetlichem willen solchs offenbar wardt, do warden die iuden von Hartman von degenberg, dem pfleger, unnd den burgern da se[l]bst angenomen und auf erfarung der warheit mit gepuerlicher peen des tods gestraft. [...]

ITem alle iuden in teuetschen landen warden darnach im iar cristi M.ccc.xlviij. [=1348] verprennt und beschuldigt, das sie die prunnen vergiftet hetten, als denn ir vil des bekentlich warn.

HEwschrecken und gewuerme an zal vomb auffgang bis zumb nidergang wie ein dicker wolck den himel uberziehende haben diser zeit alle krewter und frucht der erden veroesigt. unnd nach zerstoerung und gestanck derselben ein grawsame pestilentz geursacht.

EJn erbermdliche clegliche pestilenz fieng sich an in disem M.cc.xlviij. iar und weeret drey iar durch die gantzen werlt auß von des ob genanten gewuerms oder hewschrecken wegen. Erstlich in India anhebende unnd von dannen bis in brittannia, darnach in welsche land[2] und franckreich und zu letst in teuetsche und hungerische land kriechende. und was bey allen volckern ein solcher geher und großer sterb, das auß tawsent menschen kawm der zehend in leben blib. An ettlichen enden blib kawm der drittail menschen lebendig. vil stett, schloeßer, merckt, und doerffer starben gar auß und bliben oede. Ettlich maynten, die iuden hetten disen iamer mit vergiftung der prunnen gemeret.

Norbert Flörken: Der Streit um die Bücher der Juden. Elektronische Schriftenreihe der Universitäts- und Stadtbibliothek, Band 9, Köln 2014, S.24

2. Arbeite heraus, welche zwei typischen Vorwürfe den Juden im Mittelalter gemacht wurden.

3. Erläutere, von welcher Katastrophe die Menschen im Jahre 1384 heimgesucht wurden.

4. Diskutiere die Frage, warum in schweren Zeiten oftmals bestimmte Gruppen als Sündenböcke missbraucht werden und führe ein aktuelles Beispiel an.

---

[1] Eucharistie; Ritus der katholischen Kirche, bei welchem die Gläubigen eine Hostie erhalten

[2] Italien

Menschen mit Lepra / Die Juden

➜ Zu AB 4

1. Entscheide Dich für drei Vorschriften aus der Quelle, welche für die Erkrankten eine besonders schwere Einschränkung des Lebens bedeuteten und begründe deine Wahl.
   Individuelle Schülerantwort, bei welcher eine solide Begründung gefragt ist.

2. Entscheide Dich für drei Vorschriften, welche du als besonders sinnvoll erachtest. Begründe auch warum.
   Individuelle Schülerantwort, bei welcher eine solide Begründung gefragt ist.

3. Im Mittelalter wurde eine Krankheit als Strafe Gottes verstanden. Der Kranke galt somit als ein schlechter Mensch. Verfasse aus heutiger Sicht einen Brief an die Menschen der Vergangenheit, in welchem du diesen Glauben kritisierst.
   Individuelle Schülerantwort, bei welcher andere Gründe für das Erkranken eines Menschen – im Gegensatz zu der mittelalterlichen Vorstellung einer göttlichen Strafe – ausgeführt werden: Ansteckung, Nährstoffmangel, schlechte Ernährung, genetische Disposition usw.

4. Nehme Stellung zu der Frage, ob auch heutzutage noch kranke Menschen Angst vor Ausgrenzung haben müssen.
   Individuelle Schülerantwort.

➜ Zu AB 5

1. Kannst du dir den Inhalt zu den Jahren 1337 und 1348 erschließen?
   Individuelle Schülerantwort.

2. Arbeite heraus, welche zwei typischen Vorwürfe den Juden im Mittelalter gemacht werden.
   - „das allerhailligst sacrament vilfeltigclich gestochen, darnach in einen glueenden ofen gelegt unnd zu letst – als er unversert blibe – auff eim anpays mit hemern geschlagen“ – der 1. Vorwurf ist die Hostienschändung.
   - „das sie die prunnen vergiftet hetten“, „die iuden hetten disen iamer mit vergiftung der prunnen gemeret“ – der 2. Vorwurf lautet auf die Vergiftung der Brunnen.

3. Erläutere, von welcher Katastrophe die Menschen im Jahre 1384 heimgesucht wurden.
   In der Textquelle wir von dem massenhaften Auftauchen von Heuschrecken und „gewuerms“ berichtet, also von einer Plage durch Insekten. Diese vernichteten „alle krewter und frucht der erden“, worauf schließlich eine „grawsame pestilentz“ folgte, die sich von Indien über Europa ausbreitete und so verheerend war, dass das menschliche Leben in manchen Landstrichen komplett ausgelöscht wurde.

4. Diskutiere die Frage, warum in schweren Zeiten oftmals bestimmte Gruppen als Sündenböcke missbraucht werden und führe ein aktuelles Beispiel an.
   Individuelle Schülerantwort, bei welcher u. a. darauf eingegangen werden kann, dass Menschen, welche frustriert sind, Angst haben, sich bestimmte Ereignisse nicht erklären können und ihre Wut und Aggression auf bestimmte Gruppen lenken, die sich nicht wehren können. Persönliche Verantwortung wird dadurch abgegeben und in gewisser Weise wird ein „innerer Friede“ hergestellt. Der Gegenwartsbezug kann beispielsweise durch die allgemeine Islamophobie, verursacht durch die aktuelle Terrorbedrohung durch islamistische Fundamentalisten, hergestellt werden.

Die Bettler – eine Gefahr für den braven Bürger?

Im frühen Mittelalter gehörten bettelnde Menschen, die aufgrund körperlicher Leiden oder unverschuldeten Missgeschicken auf das Betteln angewiesen waren, zum alltäglichen Anblick. Es gab keine sozialen Sicherungssysteme wie heute. Dies übernahmen Menschen, die glaubten, durch ihre Gaben von den Sünden erlöst zu werden. Als die wirtschaftliche Lage sich im späten Mittelalter aufgrund von Kriegen und Krankheiten verschlechterte, änderte sich die Situation. Die Menschen waren mit der großen Anzahl der Bittsteller überfordert, manche Bettler wurden kriminell und rotteten sich sogar zu umherziehenden Banden zusammen. Zudem setzte sich langsam der Glaube durch, dass Armut eine Strafe Gottes sei und das Betteln ein Betrug an Gott, da man durch ein gottgefälliges arbeitsreiches Leben bereits im Diesseits durch ihn belohnt werden konnte. Arme Bettler waren nun automatisch schuldig, deren Krankheiten und Unglück eine göttliche Strafe war. Durch Bettelbeschränkungen versuchte man dem Treiben Einhalt zu gebieten.

Die Bettelbeschränkung durch die Reichspolizeiordnung von 1530

„Von Bettlern und Müßiggängern.

Wir wollen auch, dass eine jede Obrigkeit, der Bettler und andere Müßiggänger halben, ein Ernstlichen Einsehens tue, damit niemands zu betteln gestattet werde, der nicht mit Schwachheit oder Gebrechen seines Leibes beladen und des nicht notdürftig sei: Item, dass auch der Bettler Kinder, so ihr Brot zu verdienen geschickt seien, von ihnen genommen und zu Handwerken und sonst zu Diensten geweist werden, damit sie nicht also für und für dem betteln anhangen. Item[1], dass auch die Obrigkeit Versehung tue, dass eine jede Stadt und Commun ihre Armen selbst ernähre und unterhalte, und im Reich Fremden nicht gestattet, an einem jeglichen Ort zu betteln. Und so darüber solche starken Bettler[2] befunden [werden], sollten dieselbigen vermögens des Rechts oder sonst gebührlich bestraft werden, anderen zu Abscheu und Exempel. [Falls es Sach wäre], dass eine Stadt oder [ein] Amt also mit vielen Armen beladen [ist], dass sie [am] Ort nicht möchten ernähret werden, so soll die Obrigkeit dieselben Armen mit einem brieflichen Schein und Urkund in ein anderes Amt zu fördern Macht haben."

Adalbert Ruschel: Sitzend sammeln für Schüler und Sieche. Die Almosenstühle der Handwerksmeister in den Pfarrkirchen St. Sebald und St. Lorenz zu Nürnberg, Books on Demand, Norderstedt 2016, S. 21 (FN 30)

Die Münze, ein Bettlerzeichen aus dem 16. Jahrhundert der Stadt Münster, wies den Träger als offiziell anerkannten Münsteraner Bettler aus. Das Abzeichen musste gut sichtbar an der Kleidung befestigt werden, daher stammen auch die Löcher im Rand.

1. Notiere in eigenen Worten, welche Verordnungen zum Beschränken des Bettelns erlassen wurden.
2. Entscheide dich für eine Vorschrift, die du für besonders sinnvoll erachtest und für eine, welche du nicht gelungen findest. Begründe schriftlich deine Wahl.
3. Die Bettelabzeichen mussten teilweise ständig getragen werden. Nimm Stellung zu der Frage, ob dies für den Bettler mehr Vor- oder Nachteile mit sich brachte.
4. Entscheide dich für eine der beiden Aufgaben:
   a) Du siehst ein bettelndes Kind in der Innenstadt. Verfasse einen inneren Monolog, der deine Gedanken und Gefühle zum Ausdruck bringt.
   b) Verfasse eine auf die heutige Zeit angepasste Bettelordnung.

[1] Item (lat.): weiterhin, ebenso
[2] Starke Bettler: Bettler ohne körperliche Leiden

Die Bettler – eine Gefahr für den braven Bürger?

1. Notiere in eigenen Worten, welche Verordnungen zum Beschränken des Bettelns erlassen wurden.
- Nur Menschen mit körperlichen Leiden oder Bedürftigkeit dürfen betteln
- Bettelnde Kinder werden den Eltern entzogen und bekommen Arbeit (eine Ausbildung?) zugewiesen
- Jede Stadt muss ihre eigenen Bettler versorgen, ein Umherziehen bzw. fremde Bettler werden nicht gestattet (Heimatprinzip)
- Starke, d.h. arbeitsfähige Bettler, werden zur Abschreckung bestraft
- Ist eine Stadt durch eine große Anzahl an bettelnden Menschen überfordert, erhalten diese eine Bestätigung (Bettelschein) und werden ausgewiesen.

2. Entscheide dich für eine Vorschrift die du für besonders sinnvoll erachtest und für eine, welche du nicht gelungen findest. Begründe schriftlich deine Wahl.
Individuelle, begründete Schülerantwort.

3. Die Bettelabzeichen mussten vom Träger teilweise ständig getragen werden. Nimm Stellung zu der Frage, ob dies für den Bettler mehr Vor- oder Nachteile mit sich brachte.
Einerseits kann u. a. positiv hervorgehoben werden, dass das Abzeichen den Träger als anerkannten Bettler ausweist. Die Almosengeber können dann recht sicher sein, dass das Geld bei einem Bedürftigen ankommt und nicht bei einem Betrüger.
Andrerseits kann u. a. negativ herausgestellt werden, dass der Bettler durch das ständige Tragenmüssen stigmatisiert wird, möglicherweise hat er dadurch weitere Nachteile zu befürchten (bei der Suche nach Arbeit, kein Einlass ins Wirtshaus etc.). Zudem werden andere Bedürftige ohne Abzeichen weniger Gaben erhalten.

4. Entscheide dich für eine der beiden Aufgaben:
a) Du siehst ein bettelndes Kind in der Innenstadt. Verfasse einen inneren Monolog, der deine Gedanken und Gefühle zum Ausdruck bringt.
b) Verfasse eine auf die heutige Zeit angepasste Bettelordnung.
Individuelle Schülerantwort.

Gesellschaft im Mittelalter

H	N	H	Y	A	K	Z	V	H	E	X	E	N	X	G	X	O	N
M	K	U	G	D	G	U	D	L	D	N	M	U	S	S	T	H	Y
L	K	Q	F	C	B	E	T	T	L	E	R	S	S	F	D	V	O
E	L	Y	O	Y	P	K	V	T	G	B	T	M	T	L	K	L	J
P	L	L	L	P	A	J	A	D	E	L	T	H	R	E	E	V	J
R	P	L	T	E	F	R	M	Y	C	K	I	R	A	U	R	J	S
A	Z	T	E	E	Q	S	Y	T	Y	P	T	Z	F	W	K	O	I
Q	D	P	R	S	A	U	S	S	A	T	Z	X	E	W	E	T	P
P	S	Y	K	B	D	Y	X	B	P	F	B	E	N	S	R	A	L
H	O	S	P	I	T	A	L	T	S	K	C	G	S	G	O	N	B
F	Z	C	L	F	B	M	Y	M	D	E	E	O	S	H	O	F	W
S	T	Ä	N	D	E	G	E	S	E	L	L	S	C	H	A	F	T
G	J	Y	A	U	Q	Q	V	P	U	V	W	N	L	J	V	T	E
I	B	A	U	E	R	N	B	H	E	N	K	E	R	O	O	K	Y
E	R	M	K	S	A	M	T	G	G	C	W	N	H	I	C	T	H
S	H	Y	N	I	N	T	O	L	E	R	A	N	Z	O	M	J	M
D	C	A	M	B	R	Z	Q	Y	E	U	I	Y	H	F	T	H	L
P	Y	X	P	L	G	F	K	L	E	R	U	S	D	C	D	P	U

Diese Wörter sind versteckt:

① Ständegesellschaft
② Intoleranz
③ Hospital
④ Aussatz
⑤ Strafen
⑥ Bettler
⑦ Folter
⑧ Henker
⑨ Klerus
⑩ Kerker
⑪ Bauern
⑫ Lepra
⑬ Hexen
⑭ Adel

Teste dein Wissen

Lösung für „Gesellschaft im Mittelalter“

H	N	H	Y	A	K	Z	V	H	E	X	E	N	X	G	X	O	N
M	K	U	G	D	G	U	D	L	D	N	M	U	S	S	T	H	Y
L	K	Q	F	C	B	E	T	T	L	E	R	S	S	F	D	V	O
E	L	Y	O	Y	P	K	V	T	G	B	T	M	T	L	K	L	J
P	L	L	L	P	A	J	A	D	E	L	T	H	R	E	E	V	J
R	P	L	T	E	F	R	M	Y	C	K	I	R	A	U	R	J	S
A	Z	T	E	E	Q	S	Y	T	Y	P	T	Z	F	W	K	O	I
Q	D	P	R	S	A	U	S	S	A	T	Z	X	E	W	E	T	P
P	S	Y	K	B	D	Y	X	B	P	F	B	E	N	S	R	A	L
H	O	S	P	I	T	A	L	T	S	K	C	G	S	G	O	N	B
F	Z	C	L	F	B	M	Y	M	D	E	E	O	S	H	O	F	W
S	T	Ä	N	D	E	G	E	S	E	L	L	S	C	H	A	F	T
G	J	Y	A	U	Q	Q	V	P	U	V	W	N	L	J	V	T	E
I	B	A	U	E	R	N	B	H	E	N	K	E	R	O	O	K	Y
E	R	M	K	S	A	M	T	G	G	C	W	N	H	I	C	T	H
S	H	Y	N	I	N	T	O	L	E	R	A	N	Z	O	M	J	M
D	C	A	M	B	R	Z	Q	Y	E	U	I	Y	H	F	T	H	L
P	Y	X	P	L	G	F	K	L	E	R	U	S	D	C	D	P	U

Diese Wörter sind versteckt:

① Ständegesellschaft
② Intoleranz
③ Hospital
④ Aussatz
⑤ Strafen
⑥ Bettler
⑦ Folter
⑧ Henker
⑨ Klerus
⑩ Kerker
⑪ Bauern
⑫ Lepra
⑬ Hexen
⑭ Adel